Duden

Maria Bley, Marion Clausen, Wiebke Gerstenmaier, Sonja Grimm

BESSER **IN**

Deutsch

222 DIKTATE

5. – 10. KLASSE

GYMNASIUM

Dudenverlag
Berlin

Über die Autorinnen:
Wiebke Gerstenmaier und Sonja Grimm arbeiten als Deutschlehrerinnen und sind Autorinnen zahlreicher Lern- und Unterrichtsmaterialien. Maria Bley und Marion Clausen sind langjährige Redakteurinnen für Lernhilfen.

Bibliografische Information der Deutschen Nationalbibliothek
Die Deutsche Nationalbibliothek verzeichnet diese Publikation in der Deutschen Nationalbibliografie; detaillierte bibliografische Daten sind im Internet über http://dnb.dnb.de abrufbar.

2., überarbeitete Auflage
© Cornelsen Scriptor 2013; Nachdruck Duden 2020 F E D
Bibliographisches Institut GmbH
Mecklenburgische Straße 53, 14197 Berlin

Redaktionelle Leitung: Anika Donner, Heike Krüger-Beer
Redaktion: Claudia Fahlbusch
Herstellung: Petra Bachmann, Weinheim
Layoutkonzept: Horst Bachmann, Weinheim
Umschlaggestaltung: 2issue, München
Umschlagillustration: Shutterstock/Imichman (Muster),
The Noun Project/Timofey Rostilov (Icon Dokument)
Satz/Layout: Ines Schiffel, Berlin
Druck und Bindung: AZ Druck und Datentechnik GmbH,
Heisinger Straße 16, 87437 Kempten
Printed in Germany

ISBN 978-3-411-87130-8

PEFC
PEFC/04-31-2260

PEFC zertifiziert
Dieses Produkt stammt aus nachhaltig bewirtschafteten Wäldern und kontrollierten Quellen.
www.pefc.de

Vorwort ... 8

24 Lerntipps für bessere Rechtschreibung und Zeichensetzung ... 9

1 Groß- und Kleinschreibung

Klasse 5/6

1 Entschuldigung (66) ... 11
2 Einladung (77) ... 11
3 Mein Lieblingsplatz (74) ... 11
4 Igel in Not (100) ... 11
5 Merkwürdige Regeln (100) ... 12
6 In der Stadtbücherei (139) ... 12

Klasse 7/8

7 Mädchenträume (112) ... 13
8 Kunststoffe (116) ... 13
9 Ein armer Geizhals (117) ... 13
10 Neue Sandalen (130) ... 14
11 Flitterwochen bei E. T.? (162) ... 14

Klasse 9/10

12 Faires Streiten (124) ... 15
13 Der virtuelle Tod (149) ... 15
14 Fluggastbegleiter gesucht (157) ... 16
15 Die Mozartkugel (157) ... 16

2 Lang gesprochene Vokale

Klasse 5/6

16 Schatzkiste (78) ... 17
17 Wie beruhigend! (87) ... 17
18 Die Biene (121) ... 17
19 Märchenanfang (131) ... 18
20 Um Haaresbreite (133) ... 18

Klasse 7/8

21 Was ist nur im Tierpark los? (109) ... 19
22 Begegnung statt Kaufrausch (115) ... 19
23 Leckere Brötchen (116) ... 19
24 Die mutige Amsel (131) ... 20
25 Zurück ins Wasser (133) ... 20

Klasse 9/10

26 Sommerzeit (136) ... 21
27 Europas Warmwasserheizung (153) ... 21
28 Extrembügeln (155) ... 22
29 Das Gemüseorchester (184) ... 22

3 Wörter mit ä/e und äu/eu

Klasse 5/6

30 Auf dem Land (74) ... 23
31 Sprichwörter (78) ... 23
32 Über Geschmack lässt sich streiten (113) ... 23

Klasse 7/8

33 Einer der ältesten Berufe der Welt (136) ... 24
34 Die Vernichtung der Regenwälder (142, Zusatz: 57) ... 24
35 Waldbrände (157) ... 25

Klasse 9/10

36 Macht Joggen schlau? (94) ... 26
37 Rund um Schülerjobs (125) ... 26

4 Doppelter oder einfacher Konsonant

Klasse 5/6

38 Es war einmal ein Mann (90) ... 27
39 Badefreuden (123) ... 27
40 Kellerspinnen (125) ... 27
41 Dinosaurier (128) ... 28
42 Immer unterwegs (129) ... 28

Klasse 7/8

43 Der Spiegel und die Lampe (62) ... 29
44 Der Ohrwurm und die Taube (73) ... 29
45 Pizzabelag (109) ... 30
46 Pizzateig (115) ... 30

47 Leuchttürme (139) 30
48 Der Traum vom Hauptgewinn (149) 31

Klasse 9/10
49 Ressource Artenvielfalt (116) . . 31
50 Kürbisdessert (116) 32
51 Piraten (135) 32

5 Wörter mit k/ck und z/tz
Klasse 5/6
52 Der Mäusebussard (104) 33
53 Unter Wasser (108) 33
54 Genug geschwitzt (108) 33
55 Katzenkind (114) 34
56 Der Traum (118) 34
57 Ein unerwartetes Päckchen (129) 34
58 Die Speisen der Römer (136) . . 35
59 Beim Tierarzt (145) 35

Klasse 7/8
60 Tierklasse mit Biss (148) 36
61 Produkte für den Weihnachtsmarkt (150) 36
62 Kleine Schwestern (175) 37

Klasse 9/10
63 Schutz für Radfahrer (123) 38
64 Leckere Mandelherzen (131) . . . 38

6 Wörter mit s-Lauten
Klasse 5/6
65 Hier wache ich! (81) 39
66 Väterchen Frost (98) 39
67 Überlebenskünstler am Pol (124) 39
68 Ausreißer gefasst (135) 40
69 Kängurus (141) 40

Klasse 7/8
70 Kartoffellied (127) 41
71 Gewissensbisse (133) 41
72 Verkehrschaos vor Sylt (154) . . 42
73 Die Geschichte vom fliegenden Robert (162) 42
74 Der Stiefelhannes (183) 43

Klasse 9/10
75 Armer Pluto (103) 44
76 Am äußersten Meer (124) 44
77 Die Ameise (175) 45
78 Ebbe und Flut (175) 45

7 Leicht verwechselbare Konsonanten
Klasse 5/6
79 Piratenschiff in Seenot (89) . . . 46
80 Ein Tag im Zoo (106) 46
81 Kranke Regenwald-schnecke (124) 46
82 So richtig gruselig! (126) 47
83 Die treuen Weiber von Weinsberg (128) 47

Klasse 7/8
84 ICE verfährt sich (84) 48
85 In unserer Straße (125) 48
86 Pech (153) 48
87 Es wird geklagt ... (170) 49
88 Verspäteter Start (167) 49

Klasse 9/10
89 Umbau auch im Gehirn (132) . . 50
90 Der Igel (149) 50
91 Der Fuchs und die Trauben (172) 51
92 Schönheitskult bei Sissi (186) 51

8 Worttrennung

Klasse 5/6

93 Spinatcremesuppe (45) 52
94 Eine lange Einkaufsliste (51) . . . 52
95 Ein buntes Vergnügen (107) . . . 53
96 Eine Reisegeschichte (127) 53

Klasse 7/8

97 Hexenküche (104) 54
98 Bammel vor Prüfungen (123) . . 54
99 Ein Sommergewitter mit Folgen (138) 54

Klasse 9/10

100 Die Badewanne (77) 55

9 Wortbausteine -lich/-ig

Klasse 5/6

101 Briefgeheimnis (83) 56
102 Die Löwenfamilie (116) 56
103 Himmel und Hölle (139) 56

Klasse 7/8

104 Herzlich gelacht (121) 57
105 Zelten? Nein danke! (144) 57
106 Ein nächtlicher Ausflug (173) . . 58

Klasse 9/10

107 Gewürze (130) 59
108 Handy weg – was nun? (171) . . 59

10 Wortbausteine ent-/end-

Klasse 5/6

109 Entscheidungs-schwierigkeiten (85) 60
110 Pias großer Tag (119) 60
111 Die Wettfahrt (168) 60

Klasse 7/8

112 Geständnis (127) 61
113 Schneewittchen in Kurzfassung (164) 61
114 Unterwegs mit der Bahn (162) 62

Klasse 9/10

115 Lieber Max (150) 63
116 Krummes Maß (187) 63

11 Getrennt- und Zusammenschreibung

Klasse 5/6

117 Büchereiordnung (78) 64
118 Fahrkünstler? (82) 64
119 Sonnenbrand – nein danke! (95) 64
120 Weihnachten zu Hause (108) . . 65
121 Auf dem Jahrmarkt (118) 65
122 Hausaufgaben (131) 66

Klasse 7/8

123 Welche Farbenpracht! (94) 67
124 Wohnen im alten Rom (134) . . . 67
125 Vor der großen Reise (133) 67
126 Schulparty (148) 68
127 Der Heuwagen (158) 68

Klasse 9/10

128 Das Sternbild Zwillinge (122) . . 69
129 Planvolles Kofferpacken (139) 69
130 Die ersten Stewardessen (140) 70
131 Unterschätzte Rohstoffquelle (155) 70
132 April, April! (157) 71

12 Fremdwörter

Klasse 7/8

133 Moderne Welt der Medien (121) 72
134 Ein Rezept für Gourmets (128) 72
135 Tante Lydia (147) 73
136 Richtig bewerben (149) 73
137 Ein Fest der besonderen Art (156) 74

Klasse 9/10
138 Bernard, der Eisbär (105) 75
139 Graffiti (107) 75
140 So ein Fiasko! (160) 75

13 Schreibung von das und dass
Klasse 5/6
141 Das geheime Versteck (79) 76
142 Unser Eichhörnchen (78) 76
143 Wer weiß das? (90) 76
144 Segelpläne (111) 76
145 Fußballerglück (115) 77
146 Die Schatzinsel (145) 77

Klasse 7/8
147 Ein Gespräch auf der Straße (103) 78
148 Bruchrechnen (119) 78
149 Reiten lernen (128) 78
150 Schwalben (147) 79
151 Einbruch im Museum (152) 79
152 Neujahrsschwimmen am Kleefelder See (163) 79

Klasse 9/10
153 Mehr Kabeljau (127) 80
154 Das Gebiss gesund erhalten (135) 80
155 Horoskop (141) 81
156 Rätselhaftes Aussterben (149) 81

14 Zeichen der wörtlichen Rede
Klasse 5/6
157 Das Schwein auf dem Eis (105) 82
158 Ein guter Platz (107) 82
159 Haben Sie Brot? (114) 82

Klasse 7/8
160 Beim Friseur (144) 83
161 Schlechte Laune (147) 83
162 Gespräch mit einem Fußballprofi (155) 84

Klasse 9/10
163 Wer zuletzt lacht ... (138) 85
164 Die Eiche und die Eintagsfliege (191) 85

15 Kommasetzung
Klasse 5/6
165 An der Gepäckausgabe (107) . . 86
166 Unfall auf dem Pausenhof (124) 86
167 Hilfe, ein Schnupfen! (126) 87
168 Akrobaten (134) 87
169 Schattentheater (144) 88
170 Urlaubsspiele basteln (154) . . . 88

Klasse 7/8
171 Verkehrschaos (124) 89
172 Im Kino (139) 89
173 Das Wetter (146) 90
174 Nichts als Sprüche (150) 90
175 Ferienprogramm für Genießer (152) 91
176 Herbstarbeiten (156) 91

Klasse 9/10
177 Blickwinkel erweitern (134) 92
178 Hula-Hoop (150) 92
179 Dienstmädchen in Berlin im 19. Jahrhundert (157) 93
180 Vom Wandel der Arten (175) . . . 93

16 Sonstige Zeichensetzung
Klasse 5/6
181 Auskunft (106) 94
182 Teddys im All (110) 94
183 Schulwitze (121) 94
184 Was wäre, wenn ... (136) 95
185 Hosenkauf (145) 95
186 Astrid Lindgrens berühmteste Figur (127) 96

Klasse 7/8
187 Klassenfahrt (148) 96
188 Möbiusringe (148) 97
189 Denkmäler (163) 97
190 Die Lehrerin, die an alles denken wollte (160) 98
191 Marionetten (176) 98
192 Bootsunfall (174) 99
193 Die Taube und die Ameise (185) 99

Klasse 9/10
194 Kleiner Handy-Knigge (137) . . . 100
195 In einem Film mitspielen (214) 100
196 Das Pferdeei (224) 101

17 Gemischte Diktate

Klasse 5/6
197 Kinderlied (57) 102
198 Das Dromedar (81) 102
199 Der Sperling und das Känguru (85) 102
200 Die Hauskatze (107) 103
201 Süße Verführung (125) 103
202 Berge, die Feuer spucken (118) 103
203 Der Esel und der Fuchs (126) . . 104
204 Der Dino im Museum (130) 104
205 Entdeckungsreisen (131) 104
206 Strohhalm, Kohle und Bohne (219) 105

Klasse 7/8
207 Massage mit einem Ball (102) 106
208 Reden mit dem Bauch? (124) . . 106
209 Drohender Klimawandel (125) 106
210 Wer rastet, der rostet (132) 107
211 Kleine Welt ganz groß (137) . . . 107
212 Karneval (151) 107
213 Sicherheitsbestimmungen im Technikraum (153) 108
214 Delfine (166) 108
215 Kinder im Sudan (153) 109
216 Der mit Salz beladene Esel (166) 109

Klasse 9/10
217 Schlüssel zum Erfolg (127) 110
218 Starke Marke (127) 110
219 Nur schön? (134) 111
220 Gabeltest (172) 111
221 Die Jugendfeuerwehren (166) . . 112
222 Einheitliche Rechtschreibregeln, wozu? (166) 112

Checkliste: Fehlerschwerpunkte erkennen 113

Überblick über die wichtigsten Rechtschreibregeln 114

Vorwort

Liebe Schülerin, lieber Schüler,

in diesem Buch sind eine Menge Diktate zu allen wichtigen Themen der deutschen Rechtschreibung und Zeichensetzung zusammengestellt. Du findest spannende Sachtexte aus vielen Bereichen, Witze, Fabeln, Geschichten und Gedichte, damit das Üben auch Spaß macht.

Eine **Auflistung aller Texte und Rechtschreibthemen** steht im Inhaltsverzeichnis. Dort kannst du aussuchen, was du gerade üben oder überprüfen willst. Zur schnellen Orientierung sind dort die Klassenstufen (5/6, 7/8 und 9/10) und die Anzahl der Wörter angegeben. Selbstverständlich kannst du auch andere Diktate als die zu deiner Klassenstufe üben.

Die Diktate werden am besten in drei Schritten diktiert:

1. Den ganzen Text vorlesen.
2. Einen kompletten Satz langsam vorlesen.
3. Den Satz in Textportionen langsam und deutlich vorlesen, dabei nach jeder Portion eine genügend lange Pause machen. Im Text haben wir dort als Diktierhilfe einen senkrechten Strich eingefügt; daran kann man sich orientieren.

Satzzeichen werden mitdiktiert; nur bei den Diktaten zur Zeichensetzung selbstverständlich nicht. Wer allein üben möchte, liest das Diktat auf diese Weise selbst laut vor und nimmt es auf.

Wenn du ein Diktat fertig geschrieben hast, vergleiche jedes Wort und jedes Satzzeichen genau mit der Vorlage und berichtige Fehler schriftlich. Die Wörter und Buchstaben, die zu dem Rechtschreibthema gehören, das in einem Diktat besonders geübt wird, sind hervorgehoben. Wenn du hier mehrere Fehler gemacht hast, solltest du dieses Thema unbedingt wiederholen und weiter üben, bis du es sicher beherrschst.

Vielleicht hast du aber auch andere Fehler gemacht und möchtest genau wissen, was noch nicht richtig sitzt. Damit du deine Fehlerschwerpunkte selbstständig erkennen kannst, nutze die **Checkliste** auf Seite 113. Sie ist für jedes Diktat zu verwenden und hilft auch bei anderen Texten, die du in der Schule korrigiert zurückbekommst.

Ausführlichere **Lerntipps** sind auf der folgenden Seite zusammengestellt. Sie sollen dir helfen, immer sicherer in Rechtschreibung zu werden.

Außerdem findest du zum schnellen Nachlesen einen **Überblick über die wichtigsten Rechtschreibregeln** mit Hilfestellungen und Beispielen auf den Seiten 114 bis 128.

Die Nummerierungen in der Checkliste und in dem Regel-Überblick stimmen mit der Nummerierung der Kapitel überein, damit du die Rechtschreibthemen schnell findest.

Bearbeite nicht mehr als ein Diktat auf einmal. Wer regelmäßig übt, wird allmählich immer besser.

Wir wünschen dir viel Erfolg!

24 Lerntipps für bessere Rechtschreibung und Zeichensetzung

1. Beginne beim Üben eines Diktattextes damit, dass du den Text mindestens **einmal leise und einmal laut liest.** Sind dir Wörter unbekannt? Dann schau im Wörterbuch nach. Schreibe alle schwierigen Wörter oder Textstellen ab.

2. **Schwierige Wörter** kannst du dir so merken:
   - ▷ Buchstabiere sie.
   - ▷ Schließe die Augen und stelle dir die Wörter geschrieben vor.
   - ▷ Schreibe sie noch einmal auf.

3. Wenn dir der Text von einem Helfer diktiert wird, sollte eine **entspannte Stimmung** zwischen euch sein. Wenn ihr eben noch gestritten habt, ist das keine gute Voraussetzung!

4. Wenn du den Text aufnimmst, achte darauf, langsam und deutlich zu sprechen. Im Buch sind die **Sprechpausen durch einen senkrechten Strich** gekennzeichnet. Hier hältst du beim Aufnehmen einen Moment inne. Wenn du das Diktat schreibst, drückst du an diesen Stellen auf die Stopptaste.

5. **Wiederhole** falsch geschriebene Wörter, indem du sie mehrmals aufschreibst oder auf Karteikarten notierst und regelmäßig übst, bis du keine Fehler mehr machst.

6. **Je mehr du liest**, umso sicherer wirst du in Rechtschreibung. Also ran an Bücher, Zeitschriften, Comics ...

7. **Zu zweit** macht das Üben mehr Spaß. Suche dir einen Übungspartner, mit dem du dich regelmäßig zu einem festen Termin triffst. Ihr könnt euch die Texte gegenseitig diktieren.

8. Vielen macht es Spaß, einen Text am **Computer** zu schreiben. Auch das trainiert!

9. Es gibt gute **Rechtschreibprogramme**, mit denen du am Computer üben kannst. Frage in der Schul- oder Stadtbücherei nach oder erkundige dich bei deinem/r Deutschlehrer/in.

10. Wenn du ein schwieriges Wort lernen willst, probiere es mal im Gehen. **Buchstabiere es laut** vor dich hin, während du auf und ab gehst.

11. Wenn in der Schule ein Diktat angekündigt ist, **fange frühzeitig** mit dem Üben an. Übe lieber öfter in kleinen Portionen als einen ganzen Nachmittag lang.

12. Nutze **Eselsbrücken** als Merkhilfen. Zum Beispiel: „gar nicht" wird gar nicht zusammengeschrieben. Denke dir selbst Eselsbrücken aus; die vergisst du bestimmt nicht mehr.

13. So arbeitest du mit einem **Karteikasten**: Schreibe jedes Wort, das dir Schwierigkeiten bereitet, auf eine Karteikarte und lege die Karten im Kasten ab. Wenn du üben willst, nimmst du einige Karten heraus. Schau jeweils das Wort an und schreibe es dann aus dem Gedächtnis auf. Hast du es richtig geschrieben, kommt die Karte in das nächste Fach. Hast du es falsch geschrieben, bleibt die Karte im ersten Fach.

14. **Grammatik** hilft bei der richtigen Schreibung. Wenn du zum Beispiel ein Nomen erkennst, weißt du, dass es großgeschrieben wird. Besorge dir eine Lernhilfe zur deutschen Grammatik.

15. Richtig schreiben lernt man durch **Schreiben**. Nutze jede Gelegenheit, kleine Alltagstexte zu verfassen, ob eine Einkaufsliste oder eine E-Mail. Allerdings musst du dir schon die Mühe machen, den Text mit dem Wörterbuch zu kontrollieren.

16. So trainierst du deinen **individuellen Wortschatz**: Schreibe einen Oberbegriff zu einem Thema auf einen Zettel, zum Beispiel Mittelalter, Bundesliga, Reiten, Weihnachten, Theater usw. Drum herum schreibst du alle Wörter auf, die dir spontan dazu einfallen. Suche Verben, Nomen und Adjektive. Anschließend überprüfst du die gefundenen Begriffe mit dem Wörterbuch.

17. Übe **schwierige Wörter** so:
    - ▷ Ordne etwa zehn Wörter nach dem Alphabet.
    - ▷ Bilde je einen Satz mit ihnen, dabei sind auch Unsinnssätze erlaubt.
    - ▷ Buchstabiere die Wörter laut während einer Autofahrt. Alle Mitfahrenden passen auf, ob es stimmt.

18. Die richtige Schreibung kannst du oft durch **Ableiten** herausfinden: „Träume“ kommt von Traum und wird mit äu geschrieben. Weil „kannte“ von kennen kommt, wird es mit nn geschrieben. Suche die Stammform, den Infinitiv oder setze bei Verben „alle“ davor: sie sah - alle sahen (also mit h).

19. **Spickzettel:** Schreibe aus einem Diktattext die zehn schwierigsten Wörter auf einen kleinen Zettel. Falte den Zettel mehrmals und stecke ihn in die Tasche. Dann schreibst du das Diktat. Wenn eines der Wörter vorkommt, denkst du fest an den Spickzettel, aber du holst ihn nicht hervor.

20. **Fremdwörter:** Trage in ein kleines Vokabelheft die Fremdwörter ein, die dir auffallen. Schreibe die Bedeutung (Lexikon oder Fremdwörterbuch) dazu.

21. **Zeichensetzung:** Im Internet findest du Seiten mit Übungen zur Zeichensetzung. Gib bei einer Suchmaschine das Stichwort „Zeichensetzung“ ein.

22. Suche einige Sätze aus einem Text aus (zum Beispiel im Lesebuch) und überlege, welche Regeln für die **Kommasetzung** darin angewendet wurden. Nutze dazu die Übersicht über die Regeln auf S. 126/127. Oder gehe umgekehrt vor: Suche zu jeder Regel weitere Beispielsätze, die du am besten auch aufschreibst.

23. **Musik und Fernsehen** sind während des Übens tabu! Auch der Computer bleibt aus, es sei denn, du übst gerade mit einem Rechtschreibprogramm.

24. Lerne stets **zur selben Tageszeit**. Dann wird das Üben immer selbstverständlicher in deinen Tagesablauf eingebettet.

1 Groß- und Kleinschreibung

Klasse 5/6

1 Entschuldigung

Sehr geehrte Frau Sauer, |
unsere Tochter Jasmin kann **I**hnen heute | leider das Geld für das Arbeitsheft nicht geben, | weil wir im Moment | kein passendes Bargeld im Haus haben. | Auf jeden Fall wird **s**ie **I**hnen | den Betrag aber morgen mitbringen. |
Wir hoffen, | **S**ie können **I**hre Bestellung trotzdem schon aufgeben, | und möchten uns bei **I**hnen | für diese Unannehmlichkeit entschuldigen. |
Es grüßen **S**ie Kurt und Erna Pleite ||

66 Wörter

2 Einladung

Liebe Annika, |
am nächsten Samstag feiere ich meinen Geburtstag nach. | Dazu lade ich **D**ich* ganz herzlich ein. |
Wir treffen uns um 15 Uhr | bei mir im Heideweg 7. | Bring bitte **D**eine* Badesachen mit, | denn wir gehen zusammen ins Schwimmbad. | Anschließend essen wir noch bei uns | und gegen 19 Uhr könnt **I**hr* dann | von **E**uren* Eltern abgeholt werden. |
Bitte sag mir kurz Bescheid, | ob **D**u* kommen kannst. | Ich würde mich sehr freuen. |
Es grüßt **D**ich* **D**eine* Marina ||

77 Wörter

** Die Anredepronomen im Brief können auch kleingeschrieben werden: dich – deine – ihr – euren – du …*

3 Mein Lieblingsplatz

Beim **N**achdenken lasse ich mich ungern stören. | Die Suche nach einem gemütlichen Rückzugsort | war mir deshalb wichtig. | An meinem Plätzchen auf dem Dachboden | kann ich meine Gedanken in **R**uhe schweifen lassen | oder wichtige Entscheidungen treffen. | Dies ist auch der richtige Ort zum **B**riefeschreiben. | Am **l**iebsten komme ich aber zum **L**esen hierher. | Die Einrichtung besteht aus einigen alten Kissen, | die ich beim **P**lündern unseres Kellerschranks gefunden habe | und deren **V**erschwinden **n**iemandem aufgefallen ist. ||

74 Wörter

4 Igel in Not

Kleine Igel sind niedliche Gartenbewohner. | In der kalten Jahreszeit | sind die putzigen Tiere | aber häufig in **G**efahr. | Viele von **i**hnen | überleben den Winter nicht, | weil es in den kleinen, | gepflegten Gärten | kaum noch Plätze zum **Ü**berwintern gibt. | Laubhaufen und Verstecke | zwischen dichten Sträuchern und Büschen | sind immer **w**eniger zu finden. | So muss mancher Igel | einfach deshalb verhungern, | weil er im Spätherbst |

noch **d**raußen herumirrt | und die nahrungsarme Jahreszeit | nicht verschlafen kann. | Mit einem selbst gebauten* Unterschlupf | aus Holz oder Steinen | kann man den Igeln helfen. | Auch ein **H**aufen Reisig | ist ein gutes Versteck | für die gefährdeten Tiere. ||

100 Wörter

** Auch möglich: selbstgebauten*

5 Merkwürdige Regeln

Das **N**asenbohren ist während des Unterrichts unerwünscht. |
Das **S**ingen im Unterricht ist zu unterlassen. |
Im Unterricht herrscht Kaugummipflicht, | denn Konzentration und Denkvermögen | werden durch das **K**auen gefördert.
Die Lehrer haben immer **r**echt*. |
Pausen werden nach **B**edarf einberufen | und dauern mindestens eine halbe Stunde. |
Die **K**leinen dürfen beim Bäcker drängeln. |
Die **G**roßen bezahlen nur die Hälfte. |
Das **E**ssen von Pausenbroten | mit Stinkkäse und Zwiebeln | ist nur auf dem Pausenhof gestattet. |
Hausaufgaben sind nur zum **B**esten der Schüler | und müssen daher gewissenhaft, | voll **T**atendrang und in **S**chönschrift erledigt werden. |
Anträge auf **H**ausaufgabenbefreiung | müssen zwei Monate zuvor | beim Rektor eingereicht werden. ||

100 Wörter

** Auch möglich: haben ... Recht*

6 In der Stadtbücherei

Die Bücherei ist **m**ontags bis **f**reitags zwischen 10 und 13 Uhr | und **n**achmittags von 15 bis 18 Uhr geöffnet. | Nur am **M**ittwoch bleibt sie | den ganzen Tag über geschlossen. | Jeden **F**reitag um 16 Uhr | liest jemand Geschichten für Kinder vor. | Ab und zu finden auch Lesungen | für Erwachsene am **A**bend statt. |
Zu dem großen Bücherflohmarkt, | der **z**weimal* im Jahr veranstaltet wird, | kommen die Leute schon **m**orgens | in Scharen ins Haus. |
Für Schulklassen gibt es am **V**ormittag besondere Führungen, | zu denen man sich rechtzeitig anmelden muss. | Die Klasse 5 a musste **w**ochenlang | auf einen freien Termin warten. | Endlich war es **g**estern so weit. | Eine freundliche Mitarbeiterin zeigte ihnen, | wo Bücher, Spiele und CDs | zu finden sind. | Einige ließen sich **s**ofort einen Leseausweis ausstellen. | Anna, die sich gleich drei Bücher auslieh, | hatte gegen **A**bend | schon das **e**rste Buch ausgelesen! ||

139 Wörter

** Auch möglich: zwei Mal*

Klasse 7/8

7 Mädchenträume

Viele Mädchen träumen davon, Jockey* zu werden. | Doch nur die **w**enigsten schaffen es, | dem Traum zum **G**reifen nahe zu kommen. | Hartes, jahrelanges Training und eiserne Disziplin | werden von ihnen erwartet. | Schaffen sie es nicht, | ist der Traum von schnellen **R**ennen | und überragenden **S**iegen bald ausgeträumt. | Galoppreiterinnen müssen recht klein und leicht sein. | Ebenso brauchen sie eine gute Kondition, | starke Nerven und eine Familie, | die hinter ihnen steht und sie aufs **B**este unterstützt. | Für alles **Ü**brige sind ein guter Trainer | und ein schnelles Pferd **v**onnöten. | Nur jede **V**ierte schafft es, | tatsächlich einmal ganz oben auf dem Siegerpodest zu stehen. | Dieser Erfolg wurde dann schwer erkämpft | und ist der Lohn für harte Arbeit. ||

112 Wörter

** Auch möglich: Jockei*

8 Kunststoffe

Kunststoffe sind sehr leicht und **b**ruchsicher. | Bei gleichem Volumen wiegen sie deutlich weniger | als Eisen, Glas oder Holz. | Die Produktion von Gegenständen aus Kunststoff ist preiswert. | Kunststoffe kommen bei der Ummantelung von Leitungen zum **E**insatz, | da sie gegen **W**ärme und Elektrizität isolieren. | Als Dämmmaterial verringern sie die **A**bgabe oder **A**ufnahme von Wärme. | Sie sind außerdem äußerst beständig gegenüber Wasser und Luft. | Sie werden deshalb zum **B**eispiel als Schutzhaut von Eisenzäunen eingesetzt, | um das **R**osten zu verhindern. | Kunststoffe lassen sich leicht verformen und einfärben. | Durch **M**ischen mit anderen Materialien | kann die **F**estigkeit oder **B**iegsamkeit von Kunststoffen erhöht werden. |

Aufgrund* dieser und anderer Eigenschaften haben Kunststoffe | herkömmliche Werkstoffe wie Holz, Stein oder Metalle | in vielen Bereichen ersetzt. ||

116 Wörter

** Auch möglich: auf Grund*

9 Ein armer Geizhals

Ein Mann jagte sein **L**eben lang nur hinter dem Geld her. | Mit Fleiß und Ausdauer wollte er der reichste Mensch auf **E**rden werden. | Er arbeitete **T**ag und **N**acht. | Er arbeitete hart und schwer. |

Er gönnte sich keine freie Sekunde | und sparte sich jeden Bissen vom Mund ab. | Schließlich kostete das **E**ssen Geld | und außerdem nahm diese nutzlose Tätigkeit | auch noch Zeit in **A**nspruch. |

Zeit nahm er sich überhaupt nur zum **Z**ählen seiner Einnahmen, | andere Hobbys hatte er keine. | Zum **G**eldausgeben kam er nie. |

Nun hockt er alt, bucklig und mit weißen Haaren | auf dem **E**rsparten von fünfzig Jahren. | Und fragt sich traurig und müde: | Wenn ich nun sterbe, | wer ist denn dann mein Erbe? ||

117 Wörter

10 Neue Sandalen

Gestern war ich mit meiner Tochter Franzi Schuhe kaufen. | Unsere **J**üngste brauchte dringend neue Sandalen, | die **a**lten waren endgültig zu klein. |
Leider hatte die **G**ute eine sehr genaue Vorstellung | von dem, was sie wollte. | Aber etwas **E**ntsprechendes zu finden, | war nicht ganz leicht, | denn sie trägt inzwischen Größe 41. | Die Sandalen sollten ihre Füße aber trotzdem | möglichst zierlich erscheinen lassen. |
Wir waren in etlichen Geschäften, | aber nicht ein **P**aar fand ihr **G**efallen; | die **e**inen waren zu klobig, | **a**ndere zu unbequem. | Ich fürchtete schon, | wir würden gar nichts **P**assendes mehr finden, | da entdeckte Franzi doch noch Riemchensandalen in dunklem **R**ot, | die ihren Vorstellungen entsprachen. | Mir gefielen sie zwar in **S**chwarz am besten, | völlig ermattet habe ich aber zugestimmt. | Jetzt bin ich froh, | dass dieses Thema fürs **E**rste erledigt ist. ||

130 Wörter

11 Flitterwochen bei E. T.?

Nach der Mondlandung 1969 und anderen Apollo-Missionen | waren die **V**ereinigten **S**taaten die **V**orreiter der Raumfahrt. | Doch inzwischen haben andere Nationen aufgeholt | und ihre Entwicklungen auf dem Gebiet der Weltraumforschung vorangetrieben. | So beteiligen sich **d**erzeit gleich mehrere Länder | am **A**ufbau einer Raumstation im All. | Erst vor **K**urzem* war der **D**eutsche Thomas Reiter | für ein halbes Jahr zu **G**ast auf der ISS. | Dort erledigte er Reparaturarbeiten | wie das **A**usbessern eines Sonnensegels | oder das **I**nstallieren einer Teleskopstange. | Doch in erster **L**inie sind die Astronauten Forscher im Universum. | Sie züchten beispielsweise Getreidepflanzen | und testen die Auswirkungen der Schwerkraft auf deren Wachstum. |
Mittlerweile ist die Raumstation so gut ausgebaut, | dass **z**ahlungskräftige Touristen einen **K**urzurlaub im Weltall buchen können. | Schon **m**ehrmals wurden von der NASA | Gäste an **B**ord einer Raumfähre zur schwebenden Station befördert. | Wer einen solchen Trip unternehmen möchte, | muss sich **v**orab einem Gesundheitscheck unterziehen | sowie ein Sicherheits- und Konditionstraining absolvieren. | Nur wer fit ist, | darf auch fliegen und die Erde von **o**ben betrachten. ||

162 Wörter

** Auch möglich: vor kurzem*

Klasse 9/10

12 Faires Streiten

Rangeleien in der Pause, | rüpelhaftes **D**rängeln am Kiosk, | aber auch Streitereien zwischen Cliquen | gehören leider oft zum Schulalltag. | Nicht immer ist es sinnvoll, | dass sich **E**rwachsene hier einschalten. |
Inzwischen gibt es an vielen Schulen **J**ugendliche, | die zu Streitschlichtern ausgebildet sind. | Diese Schüler, in der Regel sind es **ä**ltere, | setzen sich als unparteiische **D**ritte mit **S**treitenden zusammen. | Ohne wertend einzugreifen, | besprechen sie mit ihnen die Probleme. | Dabei werden Methoden wie aktives **Z**uhören, | **I**ch-**B**otschaften* und **Ä**hnliches eingesetzt. | Das **K**now-**h**ow hierfür | wird in speziellen Schulungen vermittelt. | Ziel dieser Gespräche: | **D**ie Konfliktparteien sollen ihren Streit | friedlich und dauerhaft lösen können, | ohne dass Disziplinarmaßnahmen ergriffen werden müssen. | An vielen Schulen hat sich das **S**treitschlichten | auf Augenhöhe bereits bewährt. | Im **A**llgemeinen schätzen Schüler | diese Möglichkeit des **S**ich-**u**ntereinander-**H**elfens sehr. ||

124 Wörter

* *Auch möglich: Ichbotschaften*

13 Der virtuelle Tod

Eine Japanerin hatte im **R**ahmen eines beliebten **O**nlinespiels | jemanden im Internet kennengelernt*. Der Mann bedeutete der 42-**J**ährigen bald so viel, | dass sie ihn sogar heiratete, | wohlgemerkt nur virtuell. | Im wirklichen Leben trafen sich die **b**eiden nie, | aber sie verlebten im Netz fürs **E**rste | eine glückliche Zeit als Eheleute. | Leider kühlte die Liebe bei dem Mann | im **F**olgenden ab, | bis er ohne **U**mschweife die Scheidung einforderte. | Die Frau fühlte sich daraufhin auf das **S**chlimmste beleidigt | und sann auf Rache. | Da ihr der **T**reulose vor **K**urzem** | sein Passwort verraten hatte, | konnte sie sich damit einloggen | und seine Figur unwiederbringlich löschen. |
Der Mann alarmierte voller **E**ntrüstung die Polizei | und erstattete Anzeige wegen seines virtuellen Tods. | Die Japanerin wurde binnen weniger Stunden festgenommen. | Nun droht ihr über **k**urz oder **l**ang ein Gerichtsverfahren, | aber nicht als Mörderin, | sondern weil sie illegal auf einen Computer zugegriffen | sowie elektronische Daten unbefugt manipuliert hatte. ||

149 Wörter

* *Auch möglich: kennen gelernt*
** *Auch möglich: vor kurzem*

14 Fluggastbegleiter gesucht

Sehr geehrte Frau Hansa, |

Ihre Anzeige in der **F**rankfurter Zeitung vom 13. Mai | hat mich sehr angesprochen. | Sie suchen **J**ugendliche, die keine Scheu haben, | **i**hre Fremdsprachenkenntnisse einzusetzen, | und die bereit sind, in den großen Ferien | ausländischen Passagieren beim **U**msteigen | auf dem **R**hein-**M**ain-**A**irport behilflich zu sein. |

Kurz einige Informationen zu mir: | **I**ch besuche die 10. Klasse der Ikarus-Gesamtschule | und interessiere mich besonders für Fremdsprachen. | In meinem Lieblingsfach **E**nglisch hatte ich | schon mehrmals eine **E**ins(,) | und im letzten Herbst habe ich am Schüleraustausch | mit unserer **s**chottischen Partnerschule teilgenommen. | Auch in **S**panisch, meiner zweiten Fremdsprache, | bin ich im **G**runde genommen recht gut. | Am **b**esten spreche ich aber **I**talienisch, | denn meine Mutter kommt aus den **S**üdtiroler Alpen. | Und im **F**rankfurter Flughafen | kenne ich mich bestens aus. |

Wenn meine Kenntnisse **I**hren Vorstellungen entsprechen, | freue ich mich über eine Einladung zum **K**ennenlernen. | Am **g**ünstigsten ist es bei mir **d**ienstags, | denn da habe ich **n**achmittags keinen Unterricht. |

Mit freundlichen Grüßen

Antonio Sommer ||

157 Wörter

15 Die Mozartkugel

Der **S**alzburger Konditor Paul Fürst erfand im Jahr 1890 | eine Praline mit dem gewissen **E**twas: | die Mozartkugel. | Er benannte sie nach dem Komponisten Wolfgang Amadeus Mozart, | ebenfalls ein berühmter Sohn der Stadt. | Bis heute werden die **o**riginal **S**alzburger Mozartkugeln | nach dem überlieferten Rezept von **H**and zubereitet | und nur in den Geschäften | der nach wie vor existierenden Konditorei Fürst verkauft. | Sie sind leicht an der Verpackung zu erkennen: | silbergraues Einwickelpapier mit einem Aufdruck in **B**lau. |

Die Kugel besteht **t**eils aus feinem **P**istazienmarzipan, | **t**eils aus Nougat | und wird als **L**etztes in dunkle Schokolade getaucht. |

Eigenen Angaben der Firma Fürst **z**ufolge werden pro Jahr | mehr als eine **M**illion Mozartkugeln handgefertigt. | Wer nicht selbst nach Salzburg reisen kann, | findet im Internet die Adresse zum **B**estellen. | Im Hochsommer werden die **B**egehrten jedoch nicht verschickt; | hohe Temperaturen könnten sie zum **S**chmelzen bringen. | Seit **L**ängerem* findet sogar regelmäßig | ein **M**ozartkugel-**S**eminar statt, | in dem man sich zum **E**xperten | für Mozartkugeln ausbilden lassen kann. ||

157 Wörter

** Auch möglich: seit längerem*

2 Lang gesprochene Vokale

Klasse 5/6

16 Schatzkiste

Oft fr**a**gen sich Kinder: | „Was sp**ie**len wir jetzt?“ |
Es gibt v**ie**le Id**ee**n, | um sich mit Sp**ie**len | die Zeit zu vertreiben. |
Ein Sp**ie**l heißt „Schatzkiste“. | Dabei wird der Deckel eines kleinen Kastens | mit einem Schloss verr**ie**gelt. | In der Kiste l**ie**gt eine Kleinigkeit für den S**ie**ger. | Neben der Kiste l**ie**gen v**ie**le Schlüssel. | Davon darf sich jeder Mitsp**ie**ler m**eh**rere n**eh**men. | Nun muss er probi**e**ren(,) | das Schloss zu öffnen. | Wer es schafft, | kr**ie**gt den Schatz. | Das kann m**eh**rere M**a**le w**ie**derholt werden. ||

78 Wörter

17 Wie beruhigend!

Bew**ah**ren S**ie** kaltes Bl**u**t! |
Es best**eh**t keine Gef**ah**r für Leib und L**e**ben. |
Wer rechtzeitig bez**ah**lt, | hat nichts zu verl**ie**ren. |
Wir finden heraus, | was h**ie**r gesch**ah**. |
Die L**a**ge ist nicht so bedr**oh**lich, | wie sie auss**ieh**t. |
Gehen Sie l**ie**ber | etwas fr**üh**er nach Hause. |
Das wäre beinahe sch**ie**fgegangen. |
Z**äh**len Sie bis z**eh**n | und halten Sie **Ih**re Sch**uh**e in die H**öh**e. |
Mir wurden ein Ferns**eh**er | und ein F**ah**rrad gest**oh**len. |
Ich gel**o**be(,) | die W**ah**rheit zu sagen. |
Sie können die Bel**oh**nung am B**ah**nh**o**f abh**o**len. |
Erz**äh**len Sie n**ie**mandem, | was **Ih**nen pass**ie**rt ist. ||

87 Wörter

18 Die Biene

Eine B**ie**ne lebte zufr**ie**den | am Rand einer saftig grünen W**ie**se. | Eines Tages kam ein großes T**ie**r vorbei. | „Wer bist denn du?“, | summte d**ie** B**ie**ne. | Denn s**ie** war neug**ie**-rig(,) | und außerdem fand s**ie** | das r**ie**sige T**ie**r sehr hübsch. | Das T**ie**r aber l**ie**ß d**ie** B**ie**ne links l**ie**gen | und spaz**ie**rte einfach an ihr vorbei. | Seit d**ie**sem Tag | fand d**ie** B**ie**ne keinen Fr**ie**den m**eh**r, | s**ie** konnte nicht mehr einschlafen, | nichts mehr essen | und nicht mehr klar denken. | S**ie** war verl**ie**bt. | Wie konnte s**ie** nur | d**ie**ses schöne T**ie**r w**ie**dersehen? | V**ie**le Möglichkeiten hatte s**ie** nicht. | S**ie** war so z**ie**rlich | und das T**ie**r erschi**e**n ihr r**ie**sig. | Bestimmt war es mit seinen langen Beinen | inzwischen schon s**eh**r weit gekommen. | Doch schl**ie**ßlich konnte d**ie** B**ie**ne | s**eh**r gut fl**ie**gen ... ||

121 Wörter

19 Märchenanfang

Es waren einmal ein alter V**a**ter und sein S**oh**n. | Die l**e**bten am Rande des M**oo**res | einsam in einer arms**e**ligen Hütte. | Eines T**a**ges ging **ih**nen | die K**oh**le für **ih**ren **O**fen aus. | Draußen t**o**bte ein Sturm | und es war bitterkalt. | H**o**ch l**a**g der Schn**ee**. | S**ie** begannen zu fr**ie**ren. | Da sagte der S**oh**n: | „V**a**ter, ich will in das Dorf g**eh**en | und K**oh**le h**o**len. | Bis morgen fr**üh** | bin ich w**ie**der da." | Der V**a**ter erw**i**derte: | „Wir haben w**oh**l keine W**ah**l, | aber achte darauf, | nicht ins M**oo**r zu ger**a**ten! | Du weißt, | dort leben die s**ie**ben r**o**ten R**a**ben. | **Ih**re schaurigen R**u**fe | haben sch**o**n v**ie**le Menschen | ins Unheil gef**üh**rt!" |
Der S**oh**n verspr**a**ch(,) | keinen F**u**ß vom W**e**ge abzuweichen(,) | und ging l**o**s. | Doch sch**o**n bald | drangen heisere T**ö**ne an sein **Oh**r. | Die R**a**ben mussten hier irgendw**o** in der N**äh**e sein ... ||

131 Wörter

20 Um Haaresbreite

Seit Manuel seinen Segelschein hatte, | waren nur ein p**aa**r Tage vergangen. | Zum ersten Mal | sollte er das neue Segelb**oo**t alleine steuern. | Papa und er zogen das Schiff | an den Blumenb**ee**ten vorbei zur M**o**le | und l**ie**ßen es zu Wasser. | Manuel s**e**gelte gut. | Dann frischte die Br**i**se auf | und es kreuzten mehr B**oo**te auf dem M**ee**r. | Ausgerechnet jetzt juckte Manuels Kn**ie**. | Er s**ah** nach unten | und entdeckte eine Arm**ee** Ameisen an seinem Bein. | Wo kamen die denn her? | Vor lauter Staunen übers**ah** er einen Windsurfer. | Gerade noch rechtzeitig | konnte sich dieser ins Wasser fallen lassen. | Vater zog ihn aus der S**ee**. | Sein Gesicht war schn**ee**weiß(,) | und er zitterte am ganzen Körper. | Zurück am B**oo**tssteg lud Vater den Surfer ein: | „Wie wäre es jetzt mit einem starken Kaff**ee** | und einem Stück Himb**ee**rkuchen als Wiedergutmachung?" ||

133 Wörter

Klasse 7/8

21 Was ist nur im Tierpark los?

Der Z**oo**direktor ist verzweifelt. | Die T**ie**re l**ie**gen müde in ihren Käfigen und g**äh**nen. | Der B**i**ber und das Krokod**i**l klagen über Z**ah**nschmerzen. | Die Hasen und Kan**i**nchen wollen kein Gras mehr fressen. | Der T**i**ger hat die Gard**i**nen zugezogen | und möchte ungestört sein. | Man hört nur sein leises St**öh**nen. | Er hat **Oh**renschmerzen und leidet unter **Ü**belkeit. | Das Person**a**l ist hilflos. | Ein V**i**rus scheint ausgebrochen zu sein. | Aber welche Mediz**i**n kann den Tieren helfen? | Vitam**i**nreiche K**i**wifrüchte, ruhige Mus**i**k | oder Abreibungen mit M**ee**rsalz? | Da hat ein Wärter eine Id**ee**. | Er holt eine Spaßmasch**i**ne, | die mit Gesang in angen**eh**mer Tonlage | das W**oh**lbefinden w**ie**derherstellen soll. | Ob das w**oh**l funktion**ie**rt? ||

109 Wörter

22 Begegnung statt Kaufrausch

Seit einigen J**ah**ren gibt es einen neuen Brauch, | um die Adventszeit auf besondere Weise zu erleben: | den lebendigen Adventskalender. | An jedem der 23 **A**bende | vor dem 24. Dezember | versammeln sich Nachb**a**rn oder Freunde an einem Treffpunkt | und z**ie**hen von dort zu einem Haus, | an dessen Tür groß die Tagesz**ah**l st**eh**t. | Die Gastgeber haben meist ein Fenster | schön beleuchtet und geschmückt. | Hier werden L**ie**der gesungen und Geschichten erz**äh**lt. | Man wärmt sich an heißem T**ee** oder Gl**üh**wein | und hat Zeit für Gespr**ä**che. | Die Kinder bekommen ein p**aa**r Süßigkeiten, | manche sagen ein Gedicht auf. | Bevor die F**ü**ße kalt werden, | verabsch**ie**den sich alle | und k**eh**ren nach Hause zurück. | Morgen sind sie w**ie**der dabei. | Eine gute Id**ee**! ||

115 Wörter

23 Leckere Brötchen

Gib 150 Gramm Quark, | 70 Gramm Zucker, | eine Pr**i**se Salz, | 6 Esslöffel **Ö**l | und 4 Esslöffel Milch in eine R**üh**rschüssel | und verr**üh**re alles gut. | Nun mischst du in einem zweiten Behälter | 300 Gramm M**eh**l mit einem Päckchen Backpulver. | Zusammen mit Ros**i**nen | – die Menge nach Bel**ie**ben – | kommt das M**eh**l in die Quarkmasse. | Wenn du magst, | kannst du auch gem**ah**lene Mandeln zufügen. |

Verknete alles zu einem glatten Teig. |

Heize den Back**o**fen auf 190 Grad vor | und bestreiche das Backblech mit Margar**i**ne. | Forme ungef**äh**r z**eh**n kleine Br**ö**tchen | und lege sie auf das Blech. | Sch**ie**be es in den heißen **O**fen. | Nach fünfz**eh**n Minuten sind die Br**ö**tchen fertig. | Du kannst sie so essen | oder mit Marmel**a**de bestreichen. | Guten Appet**i**t! ||

116 Wörter

24 Die mutige Amsel

An einem fr**ie**dlichen Morgen | zwitscherte eine Amsel ein l**ie**bliches L**ie**d. | Sie wollte den Augenblick gen**ie**ßen | und ger**ie**t in Aufregung, | als Lärm ihren Gesang unterbrach. | Sie beobachtete, | wie zwei Jungen laut j**oh**lend | mit Kirschkernen auf einen B**ie**nenstock z**ie**lten. | Die Amsel erkannte die Gef**ah**r | und r**ie**f, so laut sie konnte, | um die Kinder zu warnen. | Denn h**ie**r k**ä**men bald | keine n**ie**dlichen Honigb**ie**nen angeflogen, | sondern wütende T**ie**re, | die ihren Bau und ihre Vorräte verteidigen wollten. | Aber die Kinder hörten sie nicht. |

Da flog die Amselfrau mutig immer w**ie**der | dicht an die Jungen heran | und verh**ie**lt sich sehr auffällig. | Es gelang ihr, | die beiden von ihrem Tun abzulenken, | bevor sie die B**ie**nen in Aufr**uh**r versetzt hatten. | Zufr**ie**den l**ie**ß sich die Amsel auf ihrem Baum n**ie**der(,) | und bald ert**ö**nte eine neue, süße Melod**ie**. ||

131 Wörter

25 Zurück ins Wasser

Ist es nicht sonderbar, | dass die ausschl**ie**ßlich im Wasser lebenden W**a**le | zu den Säuget**ie**ren gehören und mit Lungen atmen? | Um Sauerstoff aufzun**eh**men, | müssen sie also immer w**ie**der an die Wasseroberfläche. |

Wissenschaftler n**eh**men an, | dass sich die **U**rw**a**le | aus den Stammhuftieren entwickelt haben. | Diese sind auch die Vorf**ah**ren unserer heutigen P**aa**rhufer | wie K**uh**, Sch**a**f und Kamel. |

Doch warum wurden aus Landsäugetieren | perfekt angepasste M**ee**resbew**oh**ner? | Vermutlich hinterl**ie**ß das Verschwinden der Dinosaurier | auch im M**ee**r ein Überangebot an N**ah**rung. | Darum hält man es für w**ah**rscheinlich, | dass die Vorf**ah**ren der W**a**le | im Uferbereich nach Fischen gejagt haben | und dann allm**äh**lich* zum M**ee**resleben übergingen. | Sie wechselten also zurück ins Wasser, | wo die ersten fisch**äh**nlichen Wirbeltiere | im Erdaltertum einst entstanden waren. | Anders als ihre **Ah**nen | entwickelten die W**a**le aber keine K**ie**men, | sondern beh**ie**lten die Lungenatmung bei. ||

133 Wörter

„Allmählich" bedeutet hier: innerhalb einiger Millionen Jahre.

Klasse 9/10

26 Sommerzeit

Die Einf**üh**rung der Sommerzeit | gilt als eine Folge der **Ö**lkr**i**se, | die 1973 die Industr**ie**st**aa**ten erschütterte. | Ihre Reg**ie**rungen reag**ie**rten mit Energ**ie**sp**a**rmaßn**ah**men | und intens**i**ver Suche nach alternat**i**ven Energ**ie**quellen. | Um Benz**i**n zu sparen, | wurde in der Bundesrepublik im selben J**ah**r | sogar v**ie**rmal* ein Sonntagsf**ah**rverbot erlassen. | In Deutschland wurde die Sommerzeitregelung 1980 eingef**üh**rt, | und zwar in Ost und West gleichzeitig, | was der Harmonis**ie**rung beider St**aa**ten d**ie**nte. | Seither werden allj**äh**rlich an den letzten Sonntagen | im März und Oktober die **Uh**ren umgestellt. | Regelm**ä**ßig wird zu diesen Term**i**nen diskut**ie**rt, | ob sie nun vor- oder zurückgestellt werden müssen. | Tatsache ist: | In der mitteleuropäischen Zeitzone | stellt man die Z**äh**lung im Frühj**ah**r | nachts von 2 auf 3 **Uh**r vor, | im Herbst stellt man sie um eine Stunde zurück. |

Die Ann**ah**me, | dass durch eine bessere Nutzung des Tageslichts | Energ**ie** gespart wird, | gilt inzwischen allerdings als w**i**derlegt. ||

136 Wörter

**Auch möglich: vier Mal*

27 Europas Warmwasserheizung

Die Tatsache, dass im nördlichen Europa | ein gemäßigtes Kl**i**ma herrscht, | hängt mit einer gewaltigen M**ee**resströmung | im Nordatlantik zusammen: dem Golfstrom. | Er ist Teil eines globalen Strömungssystems | und sch**ie**bt sich vom Golf von Mexiko aus | an der nordamerikanischen Küste entlang. | Dann z**ieh**t er mit einer Breite | von etwa 50 Kilometern über den Atlantik | und transport**ie**rt als Nordatlantikstrom | warme Wassermassen vorbei an Irland | und Großbritannien bis nach Island. |

Dort k**üh**lt er schlagartig ab, | sinkt mit starker S**o**gwirkung in große T**ie**fen | und z**ieh**t dabei r**ie**sige Wassermassen nach sich, | was ein Zurückfl**ie**ßen nach Süden ermöglicht. | Den europäischen Kontinent schützt | dieser warme M**ee**resstrom vor den Eiswinden, | die vom Nordp**o**l kommen. |

Wissenschaftler sehen die Gef**ah**r, | dass sich die globale Erwärmung | auch auf den Golfstrom | und somit auf das Kl**i**ma Europas auswirken wird. | Noch ist nicht absehbar, | wie die versch**ie**denen Faktoren ineinandergreifen. | Sicher ist aber, | dass der Golfstrom in den letzten J**ah**rz**eh**nten | bereits erheblich an Energ**ie** verloren hat. ||

153 Wörter

28 Extrembügeln

Eines Tages war es der englische Fabrikarbeiter | und Bergsteiger Philip Shaw* mal w**ie**der leid, | sich seine kostbare Freizeit | von Hausarbeit st**eh**len zu lassen. | Darum entsch**ie**d er sich, | Bügelwäsche, Bügeleisen und Bügelbrett | einfach mit auf eine Bergtour zu n**eh**men. | Diese ungew**öh**nliche Id**ee** wurde bald | von vielen Nach**ah**mern aufgegriffen, | die sich an immer gef**äh**rlichere Orte wagten, | um dort zu b**ü**geln. | Inzwischen hat diese Extr**e**msportart | in vielen Ländern ihre L**ie**bhaber gefunden. |
Seit dem Jahr 2002 | finden sogar Weltmeisterschaften statt. | Die Teiln**eh**mer bereiten sich intens**i**v auf diese Wettkämpfe vor | und ben**ö**tigen eine Menge Ausdauer | und körperliche Fitness, | wenn sie zum Beisp**ie**l auf hoher S**ee** | oder im Hochgebirge antreten. | Bewertet wird an mehreren Stationen, | wie aufwendig** und originell | das Bügeln dargeboten wird | und wie knitterfrei die Wäsche auss**ieh**t. | Da es vor Ort kaum eine Str**o**mversorgung gibt, | wurden versch**ie**dene andere Verf**ah**ren erprobt, | mit denen man die handels**ü**blichen Bügeleisen aufheizen kann. |
S**ie**gerin der ersten Weltmeisterschaft wurde **ü**brigens | Inga Kosak* aus Deutschland. ||

155 Wörter

** Namen vorgeben*
***Auch möglich: aufwändig*

29 Das Gemüseorchester

Schon seit mehr als z**eh**n J**ah**ren | existiert in W**ie**n ein ungew**öh**nliches Orchester. | Damals hatten zwölf Menschen eine seltsame Id**ee**: | Sie gründeten ein Orchester, | das seine Musik auf Instrumenten | aus versch**ie**denem Gem**ü**se erzeugt, | die vor jedem Auftritt frisch hergestellt werden müssen. | Ausge**höh**lte Gurken oder M**öh**ren | werden da zu Fl**ö**ten. | F**ü**gt man eine Art Schalltrichter | aus Paprikasch**o**ten hinzu, | klingt das Ganze so **äh**nlich wie eine Tromp**e**te. | Geigentöne kommen von einer Lauchstange. | Auf einem Kürbis kann man trommeln | und mit ein p**aa**r Zw**ie**belsch**a**len wunderbar rascheln. |
Die Musiker verwenden auch Küchenger**ä**te | oder Maschinen wie einen Elektrob**oh**rer. | Die Töne, die dabei entst**e**hen, | fügen sich zu spannenden H**ö**rerlebnissen zusammen. | Den Zuh**ö**rern werden klassische | und moderne Musikstücke geb**o**ten, | die in einem ganz eigenen St**i**l erklingen. |
Auch ein Koch gehört zum Orchester. | Im Anschluss an das Konzert kocht er | aus dem ganzen Gem**ü**se eine Suppe, | die den Besuchern angeb**o**ten wird. | So n**eh**men diese die Musik | auch noch im M**a**gen mit aus dem S**aa**l. |
Mittlerweile ist die Truppe z**ie**mlich ber**üh**mt | und hat in z**ah**lreichen Ländern Tourn**ee**n absolviert. | Immer w**ie**der entdecken die Musiker dabei | neue Möglichkeiten für die musikalische Verwendung von Gem**ü**se. ||

184 Wörter

3 Wörter mit ä/e und äu/eu

Klasse 5/6

30 Auf dem Land

In der Küche macht die B**äu**erin | frische Windb**eu**tel. |
Die f**eu**chte W**ä**sche h**ä**ngt flatternd im Wind. |
Im Stall kauen die K**ä**lber am duftenden H**eu**. |
Die M**äu**se klauen sich | unbemerkt ein Stückchen K**ä**se. |
Auf der Wiese suchen die G**ä**nse | schnatternd nach Futter. |
Der Bauer hat den M**ä**hdrescher endlich repariert. |
Die D**ä**cher von Sch**eu**ne und Schuppen | sind auch wieder dicht. |
In den Hühnerst**ä**llen werden eifrig Eier gelegt(,) | und die schl**ä**frigen K**ä**tzchen | dösen im Korb. ||

74 Wörter

31 Sprichwörter

Was H**ä**nschen nicht lernt, | lernt Hans nimmermehr. |
Wer Streit s**ä**t, | arbeitet für des T**eu**fels Sch**eu**ne. |
Wer langsam f**ä**hrt, | kommt auch ans Ziel. |
Je l**ä**nger, je lieber. |
Grobe S**ä**cke soll man nicht mit Seide n**ä**hen. |
Ein streitsüchtiger Hund | l**äu**ft mit zerrissenen Ohren herum. |
Pack schl**ä**gt sich, | Pack vertr**ä**gt sich. |
Eine Hand w**ä**scht die andere. |
Mit Speck f**ä**ngt man M**äu**se. |
Tr**äu**me sind Sch**äu**me. |
Wer andern eine Grube gr**ä**bt, | f**ä**llt selbst hinein. |
Auf eine scharfe Frage gehört | eine sch**ä**rfere Antwort. ||

78 Wörter

32 Über Geschmack lässt sich streiten

Auf einem Baum saß eine Elster | und sang ein Lied. | Der Wind pfiff durch die Bl**ä**tter | der B**äu**me und Str**äu**cher | und begleitete ihren Gesang. | Die **Ä**ste knackten und **ä**chzten. | Die Elster war begeistert von diesem Konzert | und tr**äu**mte von einer Karriere als S**ä**ngerin. |
Da n**ä**herte sich ein G**ä**nserich. | Er war über einen der Z**äu**ne geklettert | und meckerte: | „Mit deinem Geh**eu**le erschreckst du ja alle L**eu**te. | Solch ein Gekr**ä**chze sollte in allen W**ä**ldern, | in denen sich Spazierg**ä**nger und G**ä**nse aufhalten, | verboten werden.“ |
Da antwortete die Elster frech: | „Hör auf zu schnattern. | Du solltest erst einmal die Kr**ä**he hören, | bei ihrem Gemecker werden sogar | die leckersten Kr**äu**ter und Gr**ä**ser bitter.“ ||

113 Wörter

Klasse 7/8

33 Einer der ältesten Berufe der Welt

In D**eu**tschland gibt es ungef**ä**hr 2,4 Millionen Schafe. | Sie werden meist in Herden gehalten, | die ein Sch**ä**fer betr**eu**t. | Er zieht auf der Suche nach Futterpl**ä**tzen | mit den Tieren durch die Landschaft. | Sp**ä**testens zu Ostern geht es hinaus auf die Weide. | Hütehunde helfen, | L**ä**mmer und erwachsene Tiere zusammenzuhalten. | Früher lebten die Sch**ä**fer | hauptsächlich vom Verkauf der Wolle. | Das lohnt sich h**eu**te nicht mehr. | Sch**ä**fer erz**eu**gen hochwertige Nahrungsmittel | wie Schafmilch und Lammfleisch, | trotzdem müssen sie ziemlich k**ä**mpfen, | wenn sie mit dem Erlös | eine Familie ern**ä**hren wollen. | Die Beweidung mit Schafen | leistet einen wertvollen Dienst für die Landschaftspflege. | Die Tiere halten Fl**ä**chen frei, | die sonst mit Str**äu**chern und B**äu**men zuwachsen würden. | Trotz der Einschr**ä**nkungen | finden sich immer noch junge Menschen, | die diesen Beruf erlernen möchten. | Sie sch**ä**tzen das selbstst**ä**ndige* Leben in freier Natur. ||

136 Wörter

Auch möglich: selbständige

34 Die Vernichtung der Regenwälder

Die tropischen Regenw**ä**lder erstrecken sich entlang des **Ä**quators. | Wegen des ganzj**ä**hrig gleichm**ä**ßig f**eu**chten | und warmen Klimas | findet man in diesen Regionen | das artenreichste Ökosystem der Erde | mit unz**ä**hligen Pflanzen- und Tierarten. | Noch vor 50 Jahren bedeckte der tropische Regenwald | eine Fl**ä**che von ungef**ä**hr 15 Millionen Quadratkilometern. | Doch in den letzten Jahrzehnten | wurde die H**ä**lfte des tropischen Regenwaldes vernichtet. | Ausl**ä**ndische Auftraggeber zahlen viel Geld | für das feste Holz, | das sich t**eu**er verkaufen l**ä**sst. | Die Arbeiter in den W**ä**ldern und S**ä**gewerken dagegen | bekommen sp**ä**rliche Löhne | für ihre aufw**e**ndige* und anstrengende T**ä**tigkeit. | Trotzdem wird nur ein Bruchteil | der Baumst**ä**mme und **Ä**ste verwertet, | die größten Fl**ä**chen fallen der Brandrodung zum Opfer. | **Ä**rmere Einheimische gewinnen durch selbst gelegte** F**eu**er | kurzfristig n**eu**e Anbau- und Weidefl**ä**chen, | die aber schon nach wenigen Ernteperioden | unfruchtbar werden. | Dann legen die Menschen ern**eu**t Br**ä**nde, | um ihre Ern**ä**hrung zu sichern. ||

** Auch möglich: aufwändige*
*** Auch möglich: selbstgelegte*

Zusatz zur Verlängerung:
Wenn die r**äu**berische Ausb**eu**tung | in diesem Maße fortschreitet, | wird es in 20 Jahren keine Regenw**ä**lder mehr geben. | Der Regenwald ist jedoch für das Klima unserer Erde | von unermesslicher Bed**eu**tung. | Seine Zerstörung führt zur allm**ä**hlichen

Erw**ä**rmung der Atmosph**ä**re | und gef**ä**hrdet dadurch die Menschen und ihre Umwelt. | Schon h**eu**te bemerken Experten | eine Klimaver**ä**nderung und ein geh**äu**ftes Vorkommen von Naturkatastrophen. ||

142 Wörter, Zusatz: 57 Wörter

35 Waldbrände

Allj**ä**hrlich kommt es in den südlichen L**ä**ndern | zu verheerenden Waldbr**ä**nden. | Besonders im Sp**ä**tsommer, | wenn es über einen l**ä**ngeren Zeitraum kaum geregnet hat, | geraten die B**äu**me und Str**äu**cher in Brand. | Trotz des unermüdlichen Einsatzes der F**eu**erwehr | ist es schwer, | die Br**ä**nde zu stoppen, | da die Flammen die dürren **Ä**ste und morschen Baumst**ä**mme | in großr**äu**migen Gebieten immer wieder n**eu** anstecken. | Deshalb hoffen alle auf die erlösenden Regenf**ä**lle, | die auch die überall gef**ä**hrlich glimmenden Glutreste löschen. |
Die F**eu**er gef**ä**hrden aber nicht nur jahrhundertealte Baumbest**ä**nde, | sondern auch die Menschen, | die in der N**ä**he der Waldfl**ä**chen leben. | Jedes Jahr brennen zahlreiche H**äu**ser und Sch**eu**nen ab, | Tausende* Hektar von **Ä**ckern, | auf die die Waldbr**ä**nde übergreifen, | werden vernichtet. | L**eu**te, die erleben mussten, | wie ihre Existenzgrundlage verbrennt, | haben h**äu**fig Jahre sp**ä**ter noch Albtr**äu**me**. | **Ä**rgerlich ist, dass viele der Br**ä**nde zu vermeiden w**ä**ren. | H**äu**fig liegt die Ursache n**ä**mlich in der Nachl**ä**ssigkeit der Menschen. | Oft lösen fahrl**ä**ssig weggeworfene Zigarettenkippen, | Zündeleien oder Lagerf**eu**er die heftigen Br**ä**nde aus. ||

157 Wörter

* *Auch möglich: tausende*
** *Auch möglich: Alpträume*

Klasse 9/10

36 Macht Joggen schlau?

Regelm**ä**ßiges Laufen verbessert die Effektivit**ä**t des Gehirns. | Das haben d**eu**tsche Wissenschaftler herausgefunden. | Sie untersuchten hundert Testpersonen, | von denen gut die H**ä**lfte | dreimal die Woche ein Lauftraining absolvierte, | und zwar siebzehn Wochen lang. | Die Kontrollgruppe machte in dieser Zeit | keinen zus**ä**tzlichen Sport. | Die Tests zeigten, | dass die L**äu**fer ihr r**äu**mliches Vorstellungsvermögen verbesserten, | nicht aber die sportlich unt**ä**tigen Testpersonen. | Messungen ergaben bei den besser trainierten L**eu**ten | auch eine schnellere und bessere Reizverarbeitung. | Demgem**ä**ß kann Ausdauertraining | die Leistungsf**ä**higkeit des Gehirns steigern, | das Lernen aber leider nicht ersetzen. | Am Vokabelpauken kommt man also nicht vorbei. ||

94 Wörter

37 Rund um Schülerjobs

Viele Schülerinnen und Schüler | bessern mit einem Nebenjob ihr Taschengeld auf. | Dabei gibt es einige gesetzliche Bestimmungen zu beachten: |

In D**eu**tschland dürfen Kinder unter 13 Jahren | noch kein Arbeitsverh**ä**ltnis eingehen. | Wer 13 oder 14 Jahre alt ist, | darf t**ä**glich bis zu zwei Stunden arbeiten. | Allerdings sind nur einfache T**ä**tigkeiten | wie Zeitungen austragen oder babysitten erlaubt. | Die Arbeit darf die Gesundheit nicht gef**ä**hrden. | Außerdem müssen die Eltern ihr Einverst**ä**ndnis geben. |

15- bis 17-j**ä**hrige Schüler dürfen außerdem w**ä**hrend der Ferien | bis zu acht Stunden am Tag besch**ä**ftigt werden. | Schwere oder gef**ä**hrliche Arbeiten sind aber verboten, | regelm**ä**ßiges Arbeiten bei Hitze, | N**ä**sse, K**ä**lte oder L**ä**rm ebenfalls. |

Bei den Finanz**ä**mtern kann man sich erkundigen, | welche st**eu**erlichen Regelungen zu beachten sind. | Auch im Internet sind nützliche Informationen erh**ä**ltlich. ||

125 Wörter

4 Doppelter oder einfacher Konsonant

Klasse 5/6

38 Es war einmal ein Mann

Es war einmal ein Ma**nn**, |
der ha**tt**e einen Schwa**mm**. |
Der Schwa**mm** war ihm zu na**ss**, |
da ging er auf die Ga**ss**. |
Die Ga**ss** war ihm zu kalt, |
da ging er in den Wald. |
Der Wald war ihm zu grün, |
da ging er nach Berlin. |
Berlin war ihm zu vo**ll**, |
da ging er nach Tirol. |
Tirol war ihm zu klein, |
da ging er wieder heim. |
Daheim wars* ihm zu ne**tt**, |
da legt' er sich ins Be**tt**. |
Im Be**tt** war eine Maus |
und die Geschicht' ist aus. ||

90 Wörter

**Auch möglich: war's*

39 Badefreuden

Jeden Mi**tt**woch findet bei uns im Ha**ll**enbad | ein Nachmi**tt**ag spezie**ll** für Kinder und Jugendliche sta**tt**. | An solchen Tagen ist es in der Umkleidekabine | i**mm**er brechend vo**ll**. | Nur mit Glück beko**mm**t man einen Spind, | in dem man seine Kleider | einschließen ka**nn**. | Selbst unter der Dusche he**rr**scht Gedränge. | Da wird mit Seifenstücken gescho**ss**en | und Waschla**pp**en werden hin- und hergeworfen. | In der Schwi**mm**ha**ll**e | hat der Bademeister verschiedene Dinge bereitgeste**ll**t. | Ringe zum Tauchen, | Wa**ss**erbä**ll**e, aufblasbare Badetiere | oder Flo**ss**en liegen schon am Beckenrand. | Am Sprungturm und an der Rutschbahn | steht wegen des Andrangs | eine zusätzliche Aufsichtsperson. | Sie achtet darauf, | dass keiner zu früh ins Wa**ss**er springt | oder rutscht. | Solche Spaßtage sind bei a**ll**en sehr beliebt | und jeder ist traurig, | we**nn** das Zeichen | zum Verla**ss**en des Beckens ertönt. ||

123 Wörter

40 Kellerspinnen

Ich gehe nicht gern in unseren Ke**ll**er. | A**ll**ein der Gedanke daran lä**ss**t mich zi**tt**ern. | Das liegt an der steilen, | dunklen Tre**pp**e, | aber auch an den Spi**nn**en, | die ich dort unten vermute. | Neulich ha**tt**e ich ein schreckliches Erlebnis. | Kaum war ich beklo**mm**en die Tre**pp**e hinuntergeschlichen, | gab es einen Kna**ll**(,) | und die Ke**ll**ertür fiel ins Schlo**ss**. | Ich saß in der Fa**ll**e, | de**nn** die Tür lä**ss**t sich von i**nn**en | nur schwer ö**ff**nen. | Ich brü**ll**te, so laut ich ko**nn**te, | aber keiner hörte mich. | Ich meinte(,) das Kra**bb**eln der Spi**nn**en | schon zu fühlen(,) | und ja**mm**erte, | als meine Mu**tt**er endlich sehen wo**ll**te, | wo ich bleibe. | Sie ke**nn**t mich ganz gut | und holt die Karto**ff**eln seither selbst. | Ich bringe da**nn** den Mü**ll** runter, | de**nn** bei den To**nn**en ist es wenigstens he**ll**. ||

125 Wörter

41 Dinosaurier

Wi**ss**enschaftler erka**nn**ten vor etwa 160 Jahren, | dass es eine bis dahin unbeka**nn**te Tiergru**pp**e gegeben hat. | Sie behe**rr**schte über viele Mi**ll**ionen Jahre | das Leben auf der Erde. |

Man na**nn**te diese Tiere „Dinosaurier“. | Das Wort sta**mm**t aus der griechischen Sprache. | Es bedeutet „schreckliche Eidechse“. |

Dabei waren die meisten Dinos | friedliche Pflanzenfre**ss**er. | Es gab aber auch schne**ll**e und gefährliche Jäger, | die mit scharfen Kra**ll**en und Zähnen | ihre Beute erlegten. | Oft lauerten sie an Wa**ss**erste**ll**en | ihren Opfern auf. |

Um sich verteidigen zu kö**nn**en, | ha**tt**en viele Pflanzenfre**ss**er | besondere Wa**ff**en, | zum Beispiel eine Knochenkeule am Schwanzende, | Hörner auf dem Kopf | oder einen Dorn an der Pfote. |

Sie lebten oft in Gru**pp**en, | die zusa**mm**en von Fu**tt**erplatz zu Fu**tt**erplatz zogen. | Gemeinsam waren sie be**ss**er | gegen Angri**ff**e geschützt als a**ll**ein. |

A**ll**e Dinos ha**tt**en eine schu**pp**ige Haut. ||

128 Wörter

42 Immer unterwegs

Heute wohnen die meisten Menschen | in Häusern oder Hü**tt**en. | Doch das war nicht i**mm**er so. | Viele Indianer in Nordamerika | waren Nomaden. | Sie lebten davon, | dass sie die Bü**ff**el der Prärie und Ste**pp**e jagten. | Da die Bü**ff**elherden wanderten, | mu**ss**ten auch die Stä**mm**e weiterziehen | und ihnen folgen. | Am Lagerplatz angeko**mm**en(,) | bauten die Frauen schne**ll** mehrere Tipis | aus zwölf Stangen auf. | An den Stangen banden sie die Bü**ff**elhäute fest. | Nur oben befand sich eine Rauchkla**pp**e, | die man bei Bedarf ö**ff**nen oder schließen ko**nn**te. |

Die Zelte der Menschen in Fi**nn**land | oder Schweden | sahen früher ganz ähnlich aus. | Die La**pp**en züchteten Rentiere. | Gemeinsam mit ihren Herden | zogen sie von einem Fu**tt**erplatz zum nächsten | quer durch La**pp**land. | Ihre Zelte na**nn**te man Koten. | Sie wurden mit zusa**mm**engenähten Rentierhäuten abgedeckt | und waren oben i**mm**er o**ff**en. ||

129 Wörter

Klasse 7/8

43 Der Spiegel und die Lampe

„Sie faule, verbu**mm**elte Schlampe“, |
sagte der Spiegel zur Lampe. |
„Sie altes, schmieriges Scherbenstück“, |
gab die Lampe dem Spiegel zurück. |
Der Spiegel in seiner Erbi**tt**erung |
bekam einen ganz gewaltigen Sprung. |
Der zornigen Lampe verging die Puste. |
Sie fauchte, rauchte, schwelte und rußte. |
Das Stubenmädchen ließ beide in Ruhe. |
Und doch: Ihr schob man die Schuld in die Schuhe. ||

(Joachim Ringelnatz)

62 Wörter

44 Der Ohrwurm und die Taube

Der Ohrwurm mochte die Taube nicht leiden. |
Sie ha**ss**te den Ohrwurm ebenso. |
Da trafen sich eines Tages die beiden |
in einer Straßenbahn irgendwo. |
Sie schü**tt**elten sich erfreut die Hände |
und lächelten liebenswürdig dabei |
und sagten einander ganze Bände |
von übertriebener Schmeichelei. |
Doch beide wünschten sie sich im Sti**ll**en, |
der andere möge zum Teufel gehn. |
Und da es geschah nach ihrem Wi**ll**en. |
So gab es beim Teufel ein Wiedersehn. ||

(Joachim Ringelnatz)

73 Wörter

45 Pizzabelag

Ni**mm** einen fertigen Pi**zz**ateig, | ro**ll**e ihn flach aus | und belege ihn nach deinem Geschmack. |
Zuerst ko**mm**t a**ll**erdings i**mm**er eine Tomatensoße | und zuletzt der Käse. | Du ka**nn**st dafür Mo**zz**are**ll**a | oder andere Sorten wie E**mm**entaler oder Gouda nehmen. | Für den Belag eignen sich Salami, | Schinken, Pilze, Sarde**ll**en | und fast a**ll**e Gemüsesorten. | Besonders edel wird deine Pi**zz**a | mit Pfi**ff**erlingen und Artischocken, | bi**ll**iger und ebenfa**ll**s lecker sind Zwiebeln oder Oliven. | Feurig scharf wird die Pi**zz**a, | we**nn** du Peperoni darauflegst. | Würze deine Pi**zz**a mit Pfe**ff**er, | Salz, Basilikum und Oregano | und backe sie ungefähr eine halbe Stunde bei 175 Grad. | Pa**ss** auf und verbre**nn**e dir nicht die Finger. | Benutze lieber zwei Topfla**pp**en. | Guten A**pp**etit. ||

109 Wörter

46 Pizzateig

Für den Teig brauchst du fünfhundert Gra**mm** Mehl, | einen kna**pp**en halben E**ss**lö**ff**el Salz, | einen achtel Liter* lauwarmes Wa**ss**er | und ein Päckchen Trockenhefe. | Mische das Mehl in einer Schü**ss**el mit der Hefe und dem Salz. | Schü**tt**e da**nn** langsam das Wa**ss**er dazu | und knete daraus einen Teig. | We**nn** du noch eine Prise Zucker dazugibst, | geht die Hefe be**ss**er und schne**ll**er auf. | Ein Schu**ss** Öl macht den Teig geschmeidiger. | Forme eine Kugel und lege sie in eine Schü**ss**el. | Mit einem sauberen Geschi**rr**tuch deckst du sie zu | und ste**ll**st sie an einen warmen Ort. | La**ss**e den Teig dort mindestens eine halbe Stunde gehen. | Ro**ll**e den Teig danach mit einem Nudelholz flach aus | und belege ihn nach deinem Geschmack. ||

115 Wörter

**Auch möglich: Achtelliter*

47 Leuchttürme

Du ke**nn**st besti**mm**t die hohen Türme | an wichtigen oder gefährlichen Küstenabschni**tt**en. | Sie warnen näher ko**mm**ende Schi**ff**e vor Untiefen, | verborgenen Ri**ff**en oder steilen Kli**pp**en | und weisen ihnen den Weg durch das Fahrwa**ss**er. | Mit ihrer Hilfe kö**nn**en Schi**ff**e ihre Position besti**mm**en, | was auch heute i**mm**er noch wichtig ist, | we**nn** die modernen funktechnischen Anlagen ausfa**ll**en. |
Früher arbeitete ein Leuchtturmwärter auf dem Leuchtturm. | Über steile Wendeltre**pp**en gelangte er | von unten zu seiner Arbeitsste**ll**e in die große Glasku**pp**el. | Er war dafür verantwortlich, | dass das Leuchtfeuer nie erlosch. | Inzwischen werden die Lichtsignale automatisch gesteuert, | was den Beruf des Leuchtturmwärters überflü**ss**ig macht. | Viele Türme mit ihrer Aussichtspla**tt**form | dienen heute als Touristena**tt**raktion. | Der derzeit höchste Leuchtturm in Deutschland | ist der Gi**tt**erturm in Campen an der Ems. | Er mi**ss**t etwa 65 Meter. | Trotz des Einsatzes modernster Sate**ll**iten | haben Leuchttürme nach wie vor ihren Platz in der Navigation. ||

139 Wörter

48 Der Traum vom Hauptgewinn

Neulich ha**tt**e ich einen seltsamen Traum. | Ein Unbeka**nn**ter rief bei mir an | und fragte mich mit verste**ll**ter Sti**mm**e nach meiner Adre**ss**e. | Da**nn** sagte er, dass ich einen Preis gewo**nn**en hä**tt**e. | Ich so**ll**te um fünf Uhr im Zoo am Gira**ff**engehege sein | und als Erke**nn**ungszeichen ein Erdnu**ss**bu**tt**ereis beste**ll**en. | Obwohl ich mi**ss**trauisch war, | ra**nn**te ich schne**ll** zum vereinbarten Tre**ff**punkt. | Weil es in Strömen go**ss**, | war ich a**ll**ein. | Nur ein na**ss**er Hund schlich um meine Beine | und klä**ff**te. | Ich wartete und wartete. |

Inzwischen zog ein Gewi**tt**er herauf. | Mir war kalt, | deshalb ha**tt**e ich A**pp**etit auf eine warme Wa**ff**el. | Ich erkundigte mich beim Verkäufer, | ob ich dazu Erdnu**ss**bu**tt**er haben kö**nn**te. | Der Verkäufer strahlte, | zog einen goldenen Ze**tt**el aus der Tasche | und las meinen Namen und meine Telefonnu**mm**er vor. | Da**nn** übe**rr**eichte er mir einen So**nn**enschirm. |

Ich spa**nn**te ihn auf | und wanderte zusa**mm**en mit dem Hund durch den Zoo, | bis ich aufwachte. ||

149 Wörter

Klasse 9/10

49 Ressource Artenvielfalt

Erst in den letzten Jahrzehnten ist deutlich geworden, | welch ungeheure Artenfü**ll**e es vor a**ll**em | in den tropischen Regenwäldern gibt. | Auch Kora**ll**enri**ff**e und subtropische Sava**nn**en | sind besonders artenreiche Lebensräume. |

A**ll**jährlich sterben a**ll**erdings durch den Einflu**ss** des Menschen | Tausende* Tier- und Pflanzenarten aus. | Besonders betro**ff**en sind die Regenwaldgebiete. | Oft hört man die Meinung, | der Artenverlust sei ein natürlicher Vorgang. | Dabei wird aber verge**ss**en, | dass sich beispielsweise das Aussterben des Ma**mm**uts | über einen langen Zeitraum erstreckte, | während heute Arten deutlich schne**ll**er | von der Erde verschwinden. | Da aber jede Art eine besti**mm**te Aufgabe | in einem hochkomplexen System überni**mm**t, | sind die Folgen in den seltensten Fä**ll**en abschätzbar. | Der Erhalt der Arten mu**ss** deshalb si**nn**vo**ll** | mit anderen Naturschutzmaßnahmen geko**pp**elt werden. ||

116 Wörter

*Auch möglich: tausende

50 Kürbisdessert

Für diese Nachspeise ni**mm**t man ein Pfund Kürbisfleisch, | ein halbes Pfund Zucker, | drei Eier, eine Ta**ss**e Milch, | zwei E**ss**lö**ff**el Mehl und eine Me**ss**erspitze Zimt. | Zuerst wird das grob zerschni**tt**ene Kürbisfleisch | mit Wa**ss**er bedeckt zum Kochen gebracht | und im o**ff**enen Topf kurz gegart, | anschließend wird es püriert | oder durch ein Sieb pa**ss**iert. |

In einer großen Schü**ss**el verrührt man nun a**ll**e anderen Zutaten. | Da**nn** wird das Kürbispüree untergehoben | und die Ma**ss**e in eine feuerfeste Form gefü**ll**t. | Das Ganze mu**ss** nun im vorgeheizten Ofen | bei 180 Grad eine halbe Stunde garen, | soda**nn** wird es auf De**ss**ertte**ll**er | aus Porze**ll**an oder Krista**ll** gestürzt | und mit Sahne serviert. |

Übrigens: | Dieses ra**ff**inierte Rezept ka**nn** sta**tt** mit Kürbi**ss**en | auch mit Äpfeln zubereitet werden. ||

116 Wörter

51 Piraten

Seit Begi**nn** der Seefahrt haben i**mm**er wieder Piraten | andere Schi**ff**e angegri**ff**en und geplündert. | Im 17. und 18. Jahrhundert lauerten die Seeräuber | vor a**ll**em auf den Seewegen zwischen Europa | und Amerika auf fe**tt**e Beute. | Nicht nur Gold oder Silber waren begehrt, | sondern auch Rohsto**ff**e, Lebensmi**tt**el und Wa**ff**en. |

Auch heute noch mü**ss**en die Besatzungen von Schi**ff**en | mit Überfä**ll**en rechnen. | A**ll**ein vor der Küste Somalias | gab es im Jahr 2011 mehr als 200 Fä**ll**e. | Die modernen Piraten bringen Fischku**tt**er | oder große Tanker in ihre Gewalt, | da**nn** werden die Seeleute als Geiseln geno**mm**en. | Für ihre Freila**ss**ung verlangen die Piraten | von den Besitzern der Schi**ff**e hohe Lösegeldsu**mm**en. | Erst we**nn** sie das Geld beko**mm**en haben, | la**ss**en die Erpre**ss**er ihre Gefangenen wieder frei. | Einige Länder haben jetzt Kriegsschi**ff**e | in die bedrohten Gewä**ss**er geschickt. | Sie so**ll**en die Küstenregionen kontro**ll**ieren | und Piratenangri**ff**e verhindern. ||

135 Wörter

5 Wörter mit k/ck und z/tz

Klasse 5/6

52 Der Mäusebussard

Hast du schon mal | einen Mäusebussard beobachtet, | der neben einer Landstraße auf einem Pfosten ho**ck**te? | Oder er**k**ennst du ihn sogar, | wenn er lange Stre**ck**en | im Gleitflug über sein Jagdrevier segelt? |
Von dort oben hält er Ausschau | nach geeigneten Beutetieren. | Seine Augen sind so scharf, | dass er sogar die Mäuse | unter einer Schneede**ck**e sehen kann. | Dann stößt er im Stur**z**flug | auf sein Opfer hinunter | und greift es mit seinen Krallen. |
Außer Feldmäusen | schme**ck**en ihm auch Hamster oder Kaninchen. |
Sein Ha**k**enschnabel dient ihm dazu, | die Nahrung zu zer**k**leinern. |
Dieser Greifvogel lebt meist am Waldrand, | aber manchmal kann man ihn | auch in großen Par**k**anlagen entde**ck**en. ||

104 Wörter

53 Unter Wasser

Wenn du die Welt | unter Wasser erleben möchtest, | musst du mit Tauchermas**k**e | und Atemgerät tauchen lernen. | Schon nach wenigen Übungsstunden | bereitet dir der Dru**ck**ausgleich | kaum noch Mühe. | In der Tiefe gibt es Sandbän**k**e, | auf denen manchmal gepun**k**tete Rochen liegen. | Häufig tauchst du in Schwärmen | von gefle**ck**ten Fischen | oder siehst große Ma**k**relen | und langarmige Kra**k**en. | Während manche Fische nicht erschre**ck**en, | sich streicheln und anlo**ck**en lassen, | solltest du den Hautkonta**k**t | mit anderen meiden. | Berührst du sie, | kannst du einen ju**ck**enden Ausschlag bekommen. | Ein besonderes Erlebnis ist ein Nachttauchgang. | Mit einer star**k**en Taschenlampe ausgerüstet, | siehst du Tiere, | die tagsüber nicht aus ihren Verste**ck**en kommen | und nur nachts a**k**tiv sind. ||

108 Wörter

54 Genug geschwitzt

Was für eine Hi**tz**e! | Ich schwi**tz**e, | mein Gesicht glän**z**t | und die Lippen schme**ck**en sal**z**ig. | Heute he**tz**t uns der Trainer | wieder gan**z** schön. | Alle müssen nach seiner Pfeife tan**z**en. | Heinz rutscht aus | und stür**z**t zu Boden. | Kein Wunder, | denn der Sportpla**tz** | ist nach dem Gewitter voller Pfü**tz**en. | Heinz steht auf | und pu**tz**t den Schmu**tz** von seinen Knien. | Er verzieht das Gesicht vor Schmer**z**. | Michael verste**ck**t sich | hinter den Pflan**z**en beim alten Bol**z**pla**tz**. | Ich nu**tz**e die Gelegenheit | und fli**tz**e unbemer**k**t hinterher. | Ich se**tz**e mich zu ihm. | Jonas ist auch schon da | und erzählt einen Wi**tz**. | Mein Her**z** klopft, | immerhin schwän**z**en wir das Training. | Hoffentlich verpe**tz**t uns Jan nicht. ||

108 Wörter

55 Katzenkind

Seit le**tz**ter Woche bin ich stol**z**er Besi**tz**er einer Ka**tz**e. | Minka ist klein und schwar**z** mit einem weißen La**tz**. | Als Papa sie aus dem Tierheim abgeholt hat, | pochte ihr kleines Her**z** ganz aufgeregt. | Sie hat sich aber schnell bei uns eingewöhnt | und liegt nun oft neben mir auf meiner Matra**tz**e. | Ihr Lieblingspla**tz** ist das Körbchen neben der Hei**z**ung. | Gestern musste Minka zum ersten Mal zum Ar**z**t. | Sie bekam eine Spri**tz**e | und maun**z**te einmal kur**z** auf. | Zu Hause* benu**tz**te sie dann | unseren Einkaufskorb als Ka**tz**enklo. | Zum Glü**ck** hat Mama nicht geschimpft, | sie ist nämlich sowieso schon gerei**z**t | wegen der Ka**tz**enhaare und wegen der Kra**tz**er an der Tapete. | Aber eigentlich findet sie Minka auch gan**z** pu**tz**ig. ||

114 Wörter

** Auch möglich: zuhause*

56 Der Traum

Heute Nacht hatte ich einen wi**tz**igen Traum. | Ich schwebte auf einer Wol**k**e | langsam über den Mar**k**tpla**tz**. | Alles war gan**z** still. | Plö**tz**lich sah ich ein Zebra, | das ins Rathaus fli**tz**te. | Gleich darauf folgten zwei Elefanten | und eine Schar Pinguine, | mindestens zwan**z**ig Stü**ck**! | Im gan**z**en Haus ging das Licht an. | Ich flog näher heran | und konnte durch das Fenster | in den großen Saal hineinschauen. | Dort erklang ein**z**igartige Musi**k**(,) | und die Tiere tan**z**ten vergnügt. | Mir klopfte das Her**z**. |
Dann hörte ich ein Käu**z**chen rufen. | Die Uhr an der Spi**tz**e des Kirchturms | schlug zwölfmal*. | Mitternacht! |
Das Bild pla**tz**te wie eine Seifenblase(,) | und ich stür**z**te in ein dun**k**les Loch. | Erhi**tz**t wachte ich auf | und mer**k**te, dass alles nur ein Traum war. ||

118 Wörter

** Auch möglich: zwölf Mal*

57 Ein unerwartetes Päckchen

Heiko träumte vom Kran**k**enhaus. | Angefangen hatte alles mit einem mer**k**würdigen Gefühl im Bauch. | Als die Schmer**z**en immer stär**k**er wurden, | pa**ck**te seine Mutter die Sachen für die Klini**k**. | Im Traum landeten sie schnurstra**ck**s im Operationssaal. |
Dort ste**ck**ten ihn dun**k**le Gestalten in einen Kittel. | Als Heiko aus der Nar**k**ose aufwachte, | wartete sein On**k**el mit einem Geschen**k** in der Hand. | „Hier, von deinem Ar**z**t“, | sagte er und übergab ihm das Pa**k**et. | Heiko riss das Pa**ck**papier an der E**ck**e auf | und öffnete dann den De**ck**el einer Dose. | Heraus kam ein Plasti**k**frosch. |
Er sah so aus wie die Frösche, | die in den Verpa**ck**ungen | seiner Haferflo**ck**en verste**ck**t waren. | Dann wachte Heiko erschro**ck**en auf. | Langsam dämmerte es ihm, | dass er nur geträumt hatte. | Zum Glü**ck** hatte er nicht in Wir**k**lichkeit die Froschfigur verschlu**ck**t. ||

129 Wörter

58 Die Speisen der Römer

Die meisten Römer lebten von Brot, | Getreidebrei und Gemüse. | Um die Mahlzeiten schma**ck**hafter zu machen, | verwendeten sie geha**ck**te Kräuter | oder exotische Gewür**z**e. |

Nur reiche Römer konnten sich prun**k**volle Gelage | mit vielen verschiedenen Speisen leisten. | Für sie kochten und ba**ck**ten | ihre S**k**laven oft stundenlang in der Küche. | Zum Essen wurde meist Wein getrun**k**en. | Um ihn be**k**ömmlicher zu machen, | mischte man ihn mit Honig. |

Zu jeder Mahlzeit gab es eine Fischsoße, | die wir heute e**k**lig finden würden. | Sie wurde aus Ma**k**relen, | Sardellen und vielen star**k** riechenden Gewür**z**en | zusammengerührt. | Danach ließ man sie in der Sonne faulen, | weshalb die Soße übel stan**k**. | Ob die Römer die Soße wir**k**lich le**ck**er fanden, | ist unbe**k**annt. | Vielleicht sollte sie auch | den noch schlechteren Geschma**ck** | von bereits verdorbenem Fleisch | oder Fisch überde**ck**en, | denn Kühlschrän**k**e zum Frischhalten | gab es noch nicht. ||

136 Wörter

59 Beim Tierarzt

Heute muss ich mit meiner Ka**tz**e Nelli zum Tierar**z**t. | Sie soll geimpft werden. | Es ist mühsam, | sie in ihren Ka**tz**enkorb zu bekommen. | Immer wieder stre**ck**t sie alle Ta**tz**en von sich | und macht sich gan**z** breit. | Ihre Krallen sind ausgefahren. | Ich muss aufpassen, | dass sie mich nicht kra**tz**t. | Endlich kann ich den Korb verschließen. | Ich bin richtig ins Schwi**tz**en geraten! |

Im Wartezimmer si**tz**en **z**wei Jungen | mit einem Pappkarton. | In den De**ck**el haben sie win**z**ige Löcher gestochen. | Sie erzählen, | dass sie einen verle**tz**ten Spa**tz** gefunden haben. |

Auf dem Pla**tz** daneben wartet ein Mann mit Gla**tz**e. | Sein Hund sieht aus | wie eine wi**tz**ige Mischung aus Spi**tz** und Terrier. | Er hat schwar**z**e Knopfaugen | und einen kur**z**en buschigen Schwan**z**. | Der Hund beschnuppert mich mit seiner Schnau**z**e. | Dann kaut er weiter auf einem Stü**ck** Hol**z**. |

Plö**tz**lich geht die Tür auf: | „Der Nächste, bitte!“ | Je**tz**t sind wir an der Reihe. ||

145 Wörter

Klasse 7/8

60 Tierklasse mit Biss

Von März bis O**k**tober sind im Wald, | auf Wiesen und in Par**k**anlagen | die Ze**ck**en zu finden. | Diese Tiere gehören nicht wie oft behauptet zu den Inse**k**ten, | denn sie besi**tz**en acht Beine und zählen daher zu den Spinnentieren. | Ze**ck**en verste**ck**en sich zwischen Gräsern, | Wiesenkräutern, im Unterhol**z** oder in He**ck**en. | Streift ein Tier oder ein Mensch an ihnen vorbei, | wechseln sie zu ihm hinüber | und suchen sich unbemer**k**t einen weichen und warmen Pla**tz**. | Vor allem na**ck**te Körperstellen sind für Ze**ck**en verlo**ck**end. |

Häufig saugen sie sich in den Kniekehlen, | am Na**ck**en oder in den Achselhöhlen fest. | Sie besi**tz**en star**k**e Mundwer**kz**euge | mit kleinen Widerha**k**en, | die sie wie einen Stechrüssel in die Haut des Wirtes bohren. | Leider können sie dabei Ba**k**terien oder Viren übertragen. | Der bekannteste Krankheitsüberträger unter ihnen | ist der Gemeine Hol**z**bo**ck**. | Zum Schu**tz** vor Infe**k**tionen | sollte man nach einem Aufenthalt im Freien | den Körper sorgfältig nach Ze**ck**en absuchen. ||

148 Wörter

61 Produkte für den Weihnachtsmarkt

Die Klasse 8a denkt über interessante Produ**k**te | für den Weihnachtsmar**k**t nach, | die sie im Techni**k**- oder Hauswirtschaftsunterricht | in einer großen Stü**ck**zahl herstellen kann. | Die Schüler haben sechs Wochen Zeit für die Planung | und die Produ**k**tion der Wer**k**stü**ck**e. | Es ist nicht leicht, etwas zu entwi**ck**eln, | was den Geschma**ck** vieler Leute trifft. | Die Schüler entscheiden sich nach langer Dis**k**ussion dafür, | Leb**k**uchen zu ba**ck**en und diese mit Zu**ck**erguss zu de**k**orieren, | Ni**k**olausstiefel zu nähen und kleine Spielzeugra**k**eten zu basteln. |

Schnell mer**k**en die Schüler, | dass sie augenbli**ck**lich beginnen müssen, | um rechtzeitig fertig zu werden. | Immer wieder entde**ck**en sie neue Schwierigkeiten: | Die Nähmaschinen fun**k**tionieren nicht richtig, | an der Wer**k**bank gibt es Gedrängel | und das Gebä**ck** sollte gan**z** frisch sein. | Außerdem fehlen noch die Pla**k**ate, | die auf die Geschen**k**ideen aufmerksam machen sollen. | Doch mit viel Geduld und Geschi**ck** gelingt alles | und die Klasse ist glü**ck**lich und dankbar, | dass die Leute so viel kaufen. ||

150 Wörter

62 Kleine Schwestern

Kleine Schwestern sind entse**tz**lich. | Zuerst schreien und schlafen sie nur, | tro**tz**dem sind die Eltern schre**ck**lich stol**z** auf ihren Scha**tz**. | Wenn sie älter werden, | wird es noch schlimmer. | Dauernd haben sie eine Ro**tz**nase. | Beim Essen tragen sie zwar einen La**tz**, | kle**ck**ern aber tro**tz**dem alles voll. | Aber natürlich dürfen sie das. | Nicht einmal wenn sie das gesamte Sal**z** verschütten | oder Kra**tz**er in den Tisch machen, | gibt es Ärger. | Das sollte mir einmal passieren! |
Oft bekommen kleine Schwestern etwas geschen**k**t, | denn sie sind ja so her**z**ig. | Leider sind sie meist gei**z**ig | und geben nichts davon ab. | Können sie erst einmal sprechen, | rei**z**en sie ihre älteren Geschwister und ärgern sie, | bis sie schwar**z** werden. | Wenn man aber selbst einen frechen Wi**tz** macht, | laufen sie zu Mama und Papa und pe**tz**en. | Überhaupt sind sie ein echter Klo**tz** am Bein, | denn ständig soll man sie irgendwohin mitnehmen. | Und wenn sie trödeln, | darf man sie nicht he**tz**en, | denn ihre Beine sind schließlich so kur**z**. | Aber zum Glü**ck** sind sie schre**ck**lich ki**tz**elig, | mit Ki**tz**eln kann man bei kleinen Schwestern viel erreichen. ||

175 Wörter

Klasse 9/10

63 Schutz für Radfahrer

Das Fahrrad ist beliebt, | die einen schä**tz**en es als Verkehrsmittel, | die anderen nu**tz**en es als Sport- und Freizeitgerät. | Für alle gilt: | Die Sicherheit sollte ernst genommen werden, | denn im he**k**tischen Straßenverkehr | lauern verschiedene Gefahren. | Wichtig ist ein Fahrradhelm als Schu**tz** vor Kopfverle**tz**ungen. | Er sollte gut si**tz**en, | weil lo**ck**ere Helme nicht viel nü**tz**en. | Moderne Modelle sind gut belüftet, | sodass* man darunter tro**tz** großer Hi**tz**e nicht schwi**tz**t. |
Spe**z**ielle Fahrradhandschuhe puffern die Hände beim Fahren ab | und schü**tz**en sie bei Stür**z**en, | die besonders auf Schotterstre**ck**en böse ausgehen können. |
Für längere Touren empfiehlt sich auch eine Fahrradbrille, | die UV-Strahlen refle**k**tiert | und die Augen gegen Fahrtwind, | Schmu**tz** und Inse**k**ten schü**tz**t. | Für Brillenträger gibt es Modelle mit optischen Gläsern, | über die man getönte Aufsä**tz**e ste**ck**en kann. ||

123 Wörter

** Auch möglich: so dass*

64 Leckere Mandelherzen

Ein Re**z**ept für Zu**ck**erbä**ck**er |

Man braucht: |
200 g Mar**z**ipan-Rohmasse |
2 Eiweiß |
100 g Zu**ck**er |
1 Pä**ck**chen Vanillezu**ck**er |
50 g Mehl |
75 g gehobelte Mandeln |
100 g Halbbitterscho**k**olade |
Sal**z** |

Das Mar**z**ipan wird in Stü**ck**e geschnitten | und dann mit dem Eiweiß zu einem glatten Teig verrührt. | Dazu benu**tz**t man am besten einen Mixer. | Sal**z** und Vanillezu**ck**er zufügen, | zule**tz**t das Mehl unterrühren. | Je**tz**t werden die Her**z**en geformt | und mit Mandeln bestreut, | die man leicht andrü**ck**t. | Ein Ba**ck**blech mit Ba**ck**papier belegen | und die Her**z**en im vorgehei**z**ten Ba**ck**ofen goldbraun ba**ck**en. | Bei cir**c**a* 160 Grad im Ele**k**troherd | dauert die Ba**ckz**eit fünf**z**ehn bis fünfund**z**wan**z**ig Minuten. | In einem Kochtopf lässt man die Scho**k**olade gan**z** vorsichtig schmel**z**en, | während das Gebä**ck** auf einem Kuchengitter auskühlt. | Als Le**tz**tes taucht man die Her**z**en zur Hälfte | in die erhi**tz**te Scho**k**olade ein. | Le**ck**er! ||

131 Wörter

** Auch möglich: zirka*

6 Wörter mit s-Lauten

Klasse 5/6

65 Hier wache ich!

Intere**ss**ierst du dich für Hundera**ss**en? | Dann kennst du sicher auch diesen | ganz kleinen Vertreter der Familie, | den Pekine**s**en. | Viele verbinden mit ihm das Bild vom verschmu**s**ten Scho**ß**hund. | Doch aufgepa**ss**t! | Auch wenn er nicht gro**ß** ist, | will er sich doch als vollwertiger Partner anerkannt wi**ss**en. | Wer einen Pekine**s**en als Hau**s**geno**ss**en wählt, | sollte sich genau nach seinen Bedürfni**ss**en erkundigen. | Denn dieser selbstbewu**ss**te und äu**ß**erst wachsame Vierbeiner | schenkt seine Zuneigung nicht jedem | und gibt sofort Laut, | wenn ihm etwas nicht pa**ss**t. ||

81 Wörter

66 Väterchen Frost

In Ru**ss**land und anderen Ländern Osteuropas | bringen nicht der Weihnachtsmann | oder das Chri**s**tkind die Geschenke. | Stattde**ss**en erscheint am Silve**s**tertag | ein alter Grei**s** mit wei**ß**em Bart. | Er trägt einen rie**s**igen Pelzmantel | und stützt sich auf einen Ei**s**zapfen als Wanderstab. | Drei Rentiere ziehen seinen Schlitten. | Dieses Väterchen Fro**s**t war ursprünglich | eine Gestalt des Winters. | Seit vielen Jahren jedoch | feiern die mei**s**ten Ru**ss**en mit ihm | das wichtigste Fe**s**t des Jahres. | Er bringt übrigen**s** stet**s** seine Enkelin mit. | Dieses kleine Mädchen hei**ß**t | „Schneeflöckchen“. |
Es wurde sogar eine eigene | Po**s**tadre**ss**e für ihn bestimmt, | damit die Kinder ihm ihre Wunschli**s**ten senden können. ||

98 Wörter

67 Überlebenskünstler am Pol

Kaiserpinguine leben ring**s** | um den Südpol in der Antarkti**s**. | Während die Sonne dort im Sommer | 24 Stunden am Tag scheint, | lä**ss**t sie sich im Winter | wochenlang überhaupt nicht blicken. | Die Temperaturen sinken unter minu**s** 50 Grad. | Doch warum frieren die | bis zu 1,20 Meter gro**ß**en Tiere | dann nicht am ei**s**igen Boden fe**s**t? | Ganz einfach: | In ihren Fü**ß**en wirken die Blutgefä**ß**e | als Wärmetauscher. | Das warme Blut aus dem Körperinneren | wird in den Fü**ß**en stark abgekühlt | und, wenn es in den Körper zurückflie**ß**t, | wieder aufgewärmt. | So sind die Fü**ß**e fa**s**t so kalt | wie das fro**s**tige Ei**s**, | auf dem sie stehen. | Auf diese Wei**s**e kann es nicht anschmelzen | und wieder gefrieren, | wie es uns manchmal pa**ss**iert, | wenn wir mit den Lippen am Ei**s** fe**s**tkleben. ||

124 Wörter

68 Ausreißer gefasst

Einen au**ß**ergewöhnlichen Anruf | erhielt ge**s**tern die E**ss**ener Feuerwehr. | Offen**s**ichtlich war ein Wie**s**el | aus dem Freizeitpark entwischt | und trieb nun in der Innenstadt sein Unwe**s**en. | Da das gefrä**ß**ige Tier mit dem pa**ss**enden Namen „Bei**ß**er" | seit Längerem* nicht**s** mehr gefre**ss**en hatte, | bi**ss** es in alle**s**, was ihm vor die Schnauze kam. | Dabei verschluckte es auch einen Euroschein, | der einer Frau aus der Geldbör**s**e gerutscht war, | als diese an einem Ka**ss**enautomaten bezahlte. | Gei**s**tesgegenwärtig packte die Frau | das Tier am Schwanz. | Jetzt hatte der Spa**ß** für das Wie**s**el ein Ende. | Mithilfe** eines Pa**ss**anten gelang es, | das po**ss**ierliche Tierchen in ein Auto zu sperren. | Die Feuerwehr befreite das sü**ß**e Wie**s**el | aus seinem Gefängni**s** | und übergab es dem Parkbesitzer. | Dieser ersetzte der Frau nicht nur das verschluckte Geld, | sondern versprach ihr ein Jahr lang | ko**s**tenlosen Eintritt in den Freizeitpark. ||

135 Wörter

* *Auch möglich: seit längerem*

** *Auch möglich: mit Hilfe*

69 Kängurus

Kängurus leben nur in Au**s**tralien. | Von allen Arten sind die roten Rie**s**enkängurus die grö**ß**ten. | Sie leben in hei**ß**en, | trockenen Wü**s**tengebieten. |

Alle Kängurus sind Pflanzenfre**ss**er. | Sie verspei**s**en, | was in ihrer Umgebung gerade wäch**s**t. | Wenn sie Gra**s** fre**ss**en, | stützen sie sich auf den kurzen Vorderbeinen ab. | Danach reiben sie die Zähne | mit den Pfoten ab, | um sie sauber zu machen*. |

Ein junges Känguru | ist bei der Geburt winzig klein. | Es wäch**s**t in dem Beutel | seiner Mutter fünf Monate lang heran, | bi**s** es das er**s**te Mal seinen Kopf | nach drau**ß**en steckt. |

Kängurus kämpfen gern | zum Spa**ß** miteinander. | Dabei stützen sie sich | auf ihren starken Schwanz, | um gleichzeitig Schläge mit den Fäu**s**ten au**s**teilen | und mit den Hinterbeinen treten zu können. |

Der Kopf der Kängurus | sieht ein bi**ss**chen wie der eines Schafes aus. | Ihre auffallend gro**ß**en Ohren | sind sehr beweglich, | weswegen sie besten**s** hören können. ||

141 Wörter

* *Auch möglich: sauberzumachen*

Klasse 7/8

70 Kartoffellied

Salat davon, gut angemacht, | mit Feld**s**alat durchscho**ss**en, |
der wird mit be**s**tem Appetit | von jedermann geno**ss**en. |
Gebraten schmecken sie recht gut, | in saurer Brüh' nicht minder. |
Kartoffelklö**ß**e e**ss**en gern | die Eltern und die Kinder. |

Solang wir die Kartoffelfrucht | in unserem Lande sehen, |
kann keine gro**ß**e Hungersnot | aus Mi**ss**ernten entstehen. |
Gerät auch Korn und Weizen schlecht, | wir mü**ss**en nicht verzagen, |
Kartoffelschnitz und Fleisch dazu | verstopfen uns den Magen. |

Vor vielen Jahren sagte man, | die Frucht sei für die Schweine, |
jetzt i**ss**t sie Kai**s**er, Königs**s**ohn, | der Gro**ß**e wie der Kleine. |

Und selb**s**t die schlechten kann man noch | für etwas Gutes nutzen, |
man macht daraus Kartoffelschnap**s**, | der kann den Rachen putzen. |

Kartoffeln frisch vom Sud hinweg, | dazu ein bi**ss**chen Butter, |
das ist, stimmt alle mit mir ein, | ein delikate**s** Futter! ||

(Nach einem Lied aus dem 18. Jahrhundert von Friedrich Sauter)

127 Wörter

71 Gewissensbisse

Als ich vorhin in der Stra**ß**enbahn sa**ß**, | habe ich gesehen, dass ein Mitschüler | mit seinem Me**ss**er ein Sitzki**ss**en aufgeschlitzt hat. | Ich habe die Zähne zusammengebi**ss**en, | auf meine Fü**ß**e gestarrt und getan, | als sei nichts pa**ss**iert. | Ist es manchmal nicht be**ss**er, | nicht**s** zu wi**ss**en? | Denn son**s**t wirst du fertiggemacht. | Schlie**ß**lich ist mit Leuten, | die so etwas machen, | nicht zu spa**ß**en. | Ich ha**ss**e sie. | Sie denken, sie seien die Grö**ß**ten, | schlie**ß**en dich auf dem Klo ein, | machen deine Bücher na**ss** | oder pa**ss**en dich nach der Schule ab | und sto**ß**en dich herum. | Vergi**ss** es, gegen die hast du keine Chance. |

Jetzt habe ich ein schlechtes Gewi**ss**en, | dass ich nichts gesagt habe. | Aber schlie**ß**lich hatte ich auch keinen Bewei**s**. | Nachher hei**ß**t es noch, dass ich das gewesen bin. | Was soll ich blo**ß** machen, wi**ss**t ihr das? ||

133 Wörter

72 Verkehrschaos vor Sylt

In der nordfriesischen See | konnte ein grö**ß**eres Unglück verhindert werden. | Ursache war ein von der Meere**ss**tation | vermi**ss**ter schneewei**ß**er Seehund. | Das gefrä**ß**ige Tier mu**ss**te mit seinen spitzen Zähnen | ein Loch in den Drahtzaun der Auffangstation gebi**s**-**s**en haben | und dann über den Strand ins offene Meer entwischt sein. | Die Insa**ss**en eines Rettungshubschraubers | entdeckten den Ausrei**ß**er weit drau**ß**en in der Nordsee. | Sofort waren mehrere Schiffe, | darunter auch Gummi- und Au**s**flugsboote mit Schaulu**s**tigen, | zum Ort des Geschehens unterweg**s**. | Doch die einsetzende Ebbe machte die Vergnügung**s**fahrt | zu einem ri**s**kanten Unternehmen. | Das sich zurückziehende Wa**ss**er erzeugte Strömungen, | mit denen in**s**besondere | die kleineren Schlauchboote nicht gerechnet hatten. | Verstärkt wurde dies durch zunehmende Sturmböen. | Viele Boote trieben wie Nu**ss**schalen | auf der aufgepeitschten See. | Ein Gro**ß**vater wurde mit seinem Enkel | von einer Böe erfa**ss**t und ins Meer geri**ss**en. | Die Kü**s**tenwache fischte die beiden tropfna**ss** aus dem Wa**ss**er. | Alle Boote konnten ebenfall**s** in Sicherheit gebracht werden. | Der Seehund war inzwischen entwischt. ||

154 Wörter

73 Die Geschichte vom fliegenden Robert

Wenn der Regen niederbrau**s**t, |
wenn der Sturm das Feld durchsau**s**t, |
bleiben Mädchen oder Buben |
hübsch daheim in ihren Stuben. |
Robert aber dachte: Nein! |
Das mu**ss** drau**ß**en herrlich sein! |
Und im Felde patschte er |
mit dem Regenschirm umher. |
Hui, wie pfeift der Sturm und keucht, |
dass der Baum sich niederbeugt. |
Seht! Den Schirm erfa**ss**t der Wind |
und der Robert fliegt geschwind |
durch die Luft so hoch, so weit. |
Niemand hört ihn, wenn er schreit. |
An die Wolken stö**ß**t er schon |
und der Hut fliegt auch davon. |

Diese Geschichte stammt aus dem Buch „Struwwelpeter“. | Der Frankfurter Arzt Heinrich Hoffmann | suchte 1844 ein Weihnacht**s**geschenk für seinen Sohn. | Da er nicht**s** fand, | was ihm pa**ss**end erschien, | beschlo**ss** er, selb**s**t etwas zu schreiben. | Er beschrieb, was mit Kindern pa**ss**iert, | die nicht auf ihre Eltern hören. | Mei**s**t wurden sie ziemlich grau**s**am bestraft. | Heute würden es viele Eltern eher begrü**ß**en, | wenn sich ihr Sohn | von schlechtem Wetter nicht abhalten lie**ß**e, | nach drau**ß**en zu gehen. ||

162 Wörter

74 Der Stiefelhannes

Im Schlo**ss** zu Schladen* lebte seit uralter Zeit | der Burggei**s**t Stiefelhannes. | Der hie**ß** so wegen seiner gro**ß**en Stiefel, | die er Tag und Nacht nicht von den Fü**ß**en lie**ß**. | Er war der Schutzgei**s**t der Burg | und wachte flei**ß**ig über ihr Wohl und Wehe. | Er verscheuchte Diebesge**s**indel, | pa**ss**te auf, dass die Wächter nicht einschliefen, | und warnte die Burginsa**ss**en, | wenn die Sicherheit des Hauses bedroht war. | Andererseit**s** konnte er es nicht leiden, | wenn auf der Burg gepra**ss**t wurde. | Wenn nacht**s** ein au**s**schweifendes Gelage | mit Mu**s**ik und Schnap**s** kein Ende finden wollte, | trieb er die Fe**s**tteilnehmer durch seine schweren, | beäng**s**tigenden Tritte in die Kammern. |
Stiefelhannes konnte den Tod vorau**ss**ehen. | Mu**ss**te ein Burgbewohner sterben, | erhob er in der Nacht vorher | ein ent**s**etzliches Wehklagen. | Der Frau des Turmwächters, | die seine be**s**ondere Gun**s**t besa**ß**, | gab er vorher oft einen Hinwei**s**, | wenn wieder jemand sterben sollte. | Trotzdem konnte sie das Ereigni**s** nicht mehr abwenden | und mu**ss**te hilflo**s** zusehen. |
Zuletzt hau**s**te der Gei**s**t in dem Schlo**ss**teil, | der als Gotte**s**hau**s** benutzt wird. | Nun hat er lange nicht**s** mehr von sich hören la**ss**en. | Es hei**ß**t, | dass ihn Kreuz und Weihwa**ss**er vertrieben haben. ||

(Eine Sage aus dem Harz)

183 Wörter

* *Ortsname vorgeben*

Klasse 9/10

75 Armer Pluto

Lange Zeit merkten sich junge Weltrauminte**ss**ierte | den Aufbau unseres Sonnensystems | verlä**ss**lich mit der Eselsbrücke: | „Mein Vater erklärt mir jeden Sonntag | unsere neun Planeten." | Die Anfangsbuchstaben entsprachen denen der Planeten, | von innen nach au**ß**en gesehen: | Merkur, Venu**s**, Erde, Mar**s**, | Jupiter, Saturn, Uranu**s**, | Neptun und eben Pluto. |

Doch im Jahr 2006 fa**ss**ten die ma**ß**geblichen A**s**tronomen | den Begriff „Planet" neu. | Die Wi**ss**enschaftler beschlo**ss**en(,) | dem bis dahin kleinsten und äu**ß**ersten Planeten unseres Sonnensystems | diesen Statu**s** abzuerkennen. | Seither gilt Pluto nur noch als Zwergplanet. | Junge Himmelskundler mü**ss**en nun umlernen. | Ihre Väter erklären jetzt | „unseren Nachthimmel". |

Den kleinen Pluto lä**ss**t das kalt. | Er zieht zuverlä**ss**ig seine Bahn. ||

103 Wörter

76 Am äußersten Meer

Ein paar gro**ß**e Schiffe waren hoch hinauf | nach dem Nordpol ausge**s**andt, | um zu erforschen, | wie weit das Land dort ins Meer reichte, | und fe**s**tzustellen, | wie weit Menschen dort vordringen könnten. | Bereit**s** seit Jahr und Tag waren sie | unter gro**ß**en Beschwerlichkeiten | zwischen Nebel und Ei**s** dort oben umhergesteuert. | Nun hatte der Winter begonnen, | die Sonne verschwand, | lange Wochen würden hier zu einer einzigen Nacht werden. | Alles ring**s**um war ein endlo**s**e**s** Stück Ei**s**(,) | und fe**s**t war darin das Schiff vertäut. | Der Schnee lag hoch(,) | und aus dem Schnee selb**s**t | waren bienenkorbähnliche Behau**s**ungen errichtet. | Einige waren rie**s**ig, | andere nicht grö**ß**er, | als dass sie zwei oder vier Menschen fa**ss**en könnten. | Aber dunkel war es nicht; | die Nordlichter glänzten rötlich und blau. | Der Schnee leuchtete wei**ß**. ||

(Nach Hans Christian Andersen)

124 Wörter

77 Die Ameise

Mir scheint, dass die Ameise | au**ß**erordentlich überschätzt wird, | besonders was ihren Verstand betrifft. | Betrachten wir sie blo**ß** einmal, | wenn sie auf Beute ausgeht. | Gewöhnlich ist das Ding zehnmal so gro**ß**, | wie es sein sollte. | Sie fa**ss**t es gerade am unbequemsten Ende an | und rei**ß**t es mit aller Gewalt in die Höhe. | Dann trägt sie es fort, | aber nicht nach Hause*, | sondern in die entgegengesetzte Richtung, | nicht ruhig und vernünftig, | sondern mit wahnsinniger Ha**s**t. |

Sie stö**ß**t auf ein Steinchen(,) | und statt es zu umgehen, | erklettert sie das Hinderni**s** rückwärts, | wobei sie ihre Beute hinter sich herzerrt. | Infolgede**ss**en purzelt sie auf der anderen Seite herunter, | schnappt sich erbo**s**t ihren Besitz | und ra**s**t in einer völlig neuen Richtung davon. | Anschlie**ß**end trifft sie auf ein Unkrautpflänzchen. | Aber es fällt ihr überhaupt nicht ein, | einen Bogen darum zu machen, | nein, sie mu**ss** hinaufklettern. | So geht es in einem fort. |

Ich komme zu dem Schlu**ss**, | dass der viel gerühmte** Flei**ß** der Ameise | nur Eitelkeit und hohler Schein ist, | weil sie niemals mit etwas zu Hause*** ankommt, | womit sie lo**s**zieht. ||

(Nach Mark Twain)

175 Wörter

* _Auch möglich: nachhause_
** _Auch möglich: vielgerühmte_
** _Auch möglich: zuhause_

78 Ebbe und Flut

An der Nordseekü**s**te lä**ss**t sich Intere**ss**antes beobachten: | Regelmä**ß**ig alle sechs Stunden | ereignet sich hier ein Wechsel | zwischen Ebbe und Flut, | wobei der Wa**ss**erspiegel | um einige Meter fällt und steigt. |

Bewegt werden die Wa**ss**erma**ss**en | durch die Anziehungskraft von Mond und Erde | sowie die Fliehkraft der Erde. | Was hierbei pa**ss**iert, | sieht man bei einem Karu**ss**ell: | Durch die Fliehkraft, | die bei der Drehung entsteht, | werden die Fahrgä**s**te nach au**ß**en gedrückt. | Da**ss**elbe geschieht mit dem Meerwa**ss**er. |

Auf der mondnahen Seite der Erde | ist die Anziehungskraft des Mondes jedoch stärker | als die Fliehkraft der Erde. | Hier wird das Meerwa**ss**er zum Mond hingezogen(,) | und es entsteht ein Flutberg. | Auf der dem Mond abgewandten Seite der Erde inde**ss**en | ist die Fliehkraft der Erde grö**ß**er | als die Anziehungskraft des Mondes. | Deshalb türmt sich auch hier das Wa**ss**er auf(,) | und es entsteht eine zweite Flut. | Aus den Gebieten, die dazwischen liegen, | flie**ß**t das Wa**ss**er entsprechend fort, | dort herrscht nun Niedrigwa**ss**er. |

In Binnenmeeren, die keine | oder nur eine schmale Verbindung zu den Ozeanen haben, | ist nur eine geringe Änderung des Wa**ss**erspiegels me**ss**bar. ||

175 Wörter

7 Leicht verwechselbare Konsonanten

Klasse 5/6

79 Piratenschiff in Seenot

Sei**t** acht Wochen trei**b**t das Schiff nun auf See. | Die Mannschaft ist schlecht gelaunt* | und streitet andauern**d**. | Es gi**b**t fast nichts mehr zu essen(,) | und auch der Wasser**v**orrat wird knapp. | Gelacht wird deshal**b** | an Bor**d** schon lange nicht mehr. | Ein Pira**t** ist bereits sehr kran**k**. | Er lie**g**t stöhnen**d** und schreien**d** auf seinem Bett | und wartet auf seinen To**d**. | Der Ka**p**itän hofft auf den Win**d**, | der sie aus ihrer No**t** befrei**t**. | Kaum ein Pira**t** glau**b**t noch daran, | gerette**t** zu werden | und irgen**d**wann wieder an Lan**d** zu gehen. ||

89 Wörter

* *Auch möglich: schlechtgelaunt*

80 Ein Tag im Zoo

In den **F**erien besucht Florian mit seinem **V**ater | und seiner **v**ierjährigen Schwester | den zoologischen Garten. | Mit **F**otoapparat, | **V**esperdose und Getränke**f**laschen im Rucksack | machen sich die drei | mit öffentlichen **V**erkehrsmitteln | auf den Weg zum Tierpark. | Dort angekommen(,) | schauen die beiden Geschwister | **v**oller **F**reude den **v**erspielten Äffchen | und den gefräßigen Rau**b**tieren in ihren Käfigen zu. | Ganz besonders lusti**g** finden sie die Fütterun**g** der Seelöwen | und die **F**lu**g**schau der Grei**fv**ögel | unter **f**reiem Himmel. | Dabei **v**ergessen sie **v**ölli**g** die Zeit. | Erst als die Durchsage | aus der Lautsprecheranlage ertönt, | **v**era**b**schieden sie sich von ihren Lie**b**lingen. | Es kommt öfter vor, | dass die **F**amilie als letzte | den Zoo **v**erlässt. ||

106 Wörter

81 Kranke Regenwaldschnecke

Als Feli**x** beim letzten Mal | mit seiner Dackeldame „He**x**e“ | beim Tierarzt war, | hörte er den E**x**perten am Tele**f**on sagen: | „E**x**oten behandeln wir hier eigentlich nicht. | Wir hatten aber einmal einen Da**chs** | mit ausgekugelter A**chs**el | oder eine e**x**trem lange E**chs**e, | die in einer e**x**tra angeferti**g**ten Transportkiste | zu uns gebracht wurde. | Lu**x**us dürfen Sie bei uns | für Ihr Tier keinen erwarten, | aber ich komme gerne zu Ihnen nach Hause*, | wenn Sie das wünschen.“ | Dann war einen Moment Ruhe, | be**v**or der Tierarzt e**x**plodierte. | Er brüllte mit lauter Stimme in den Hörer: | „Hören Sie, | ich habe sogar schon einen launischen O**chs**en, | der die Bo**x**entür mit einem Hie**b** durchbrach, | zu einem lammfrommen Tier gemacht. | Also werde ich es wohl schaffen, | bei Ihrer Regenwal**d**schnecke | den **V**erban**d** zu wechseln.“ ||

124 Wörter

* *Auch möglich: nachhause*

82 So richtig gruselig!

Bestimm**t** hast du schon mal einen **F**ilm | oder ein Theaterstück gesehen, | in dem jeman**d** geblutet hat. | **V**ielleicht erga**b** sich im Lauf der Handlun**g** | nur eine kleine Schnitt**v**erletzun**g**, | **v**ielleicht gin**g** es aber auch richti**g** bluti**g** zu. | Echtes Blu**t** wurde dabei | sel**b**stverständlich nicht **v**ergossen! |

Als **F**ilmblu**t** wird eine künstlich hergestellte **F**lüssi**g**keit **v**erwendet, | die in **F**arbe und Erscheinun**g** | mö**g**lichst wie echtes Blu**t** wirken soll. | Sie besteht aus harmlosen Lebensmittelzutaten. | Soll ein Schauspieler ganz eindrucks**v**oll | aus dem Mund bluten, | beißt er einfach auf eine Ka**p**sel | mit essbarem **F**ilmblu**t**, | das meist nach Er**d**beeren oder **Pf**efferminze schmeckt. | Eine **F**irma in Berlin gehör**t** | zu den wichti**g**sten Herstellern von **F**ilmblu**t**. | Ihre größten A**b**nehmer | sind die **F**ilmstudios in Hollywood*. |

Wer einfaches Kunstblu**t** sel**b**st machen möchte, | **v**errührt lösliches Kakaopul**v**er, | Wasser und rote Lebensmittel**f**arbe. ||

126 Wörter

**Name vorgeben*

83 Die treuen Weiber von Weinsberg

Einst belagerte ein Köni**g** | eine Festun**g** namens Weinsber**g**. | Nach längerer Schlach**t** mussten sich | die Soldaten des Herzo**g**s, | dem diese gehörte, ergeben. | Beim A**b**zu**g** aus der Bur**g** ga**b** der Köni**g** | den Frauen die Erlau**b**nis, | das mitzunehmen, | was sie auf ihren Schultern tragen konnten. | Auf ihre Männer indessen wartete der To**d**. |

Die Frauen dachten aber nicht | an die Rettun**g** ihrer Habe, | sondern eine jede nahm ihren Mann auf die Schultern | und tru**g** ihn aus der Bur**g**. | Als der Köni**g** dies hörte, | so ist bezeu**g**t, | habe er mil**d** gelächelt | über die Lis**t** der Frauen, | sein Wor**t** habe er aber gehalten. |

Die Bur**g** kam durch dieses Erei**g**nis | zu ihrem Namen „Weibertreu“(,) | und die rührende Episode von den getreuen Frauen | wurde sei**t**her in **v**ielerlei Geschichten | und Balladen weitererzählt. ||

128 Wörter

Klasse 7/8

84 ICE verfährt sich

Ein ICE, der auf seinem We**g** von München nach Lei**pz**ig | eigen**t**lich die Schnellbahntrasse über Nürnber**g** nehmen sollte, | gerie**t** auf eine Nebenstrecke | und fuhr **v**ersehen**t**lich durch das kur**v**enreiche Altmühltal. |

Ein Sprecher der Deutschen Bahn bestäti**g**te | den unfreiwilligen Umwe**g** des aben**d**lichen ICE. | Ursache sei ein falsch ausgerichtetes Stellwer**k** gewesen. | Das könne dazu führen, | dass ein Zu**g** statt nach rechts | nach lin**k**s a**b**bie**g**t. | Die Sicherheit des Zu**gv**erkehrs sei dadurch | nicht beeinträchti**g**t gewesen, | **v**ersicherte er und kündi**g**te an, | die Bahn wolle den **V**organg **v**ollständi**g** aufklären. ||

84 Wörter

85 In unserer Straße

In der **V**illa in unserer Straße | le**b**t ein wahrlich komischer älterer Herr. | Nieman**d** weiß genau, | was der wundersame Kauz pri**v**at in seinem Haus so trei**b**t. | Nur der Postbote hat eine **v**age **V**orstellung da**v**on | und berichtet den benachbarten Anwohnern hin und wieder, | was er bei ihm gesehen und gehört hat. | So erzählte er eines Tages, | dass der Mann ein ausgesprochener Re**p**tilien**f**reund sei | und sich stundenlan**g** vor seinen Glas**v**itrinen | mit **V**ipern, **W**aranen und E**chs**en aufhalten könne. | Ebenso sammle er chinesische **V**asen. | **V**orletztes Wochenende habe der Mann wohl seine **V**erwandten | zu einem Kostümfest auf die **V**eranda eingeladen. | Er sel**b**st sei als **V**ampir **v**erkleidet gewesen. | Anschließen**d** hätte ein Nachwu**chs**pianist ein Kla**v**ierkonzer**t** gegeben | und der Herr als guter Gastgeber die Zuhörer | mit Wein und bele**g**ten Brö**t**chen bewirtet. ||

125 Wörter

86 Pech

Holger überhörte das Klingeln seines Weckers | und hüpfte erst spät aus dem Bett. | Mit der morgen**d**lichen H**y**giene nahm er es heute nicht so genau. | Er tauschte seinen P**y**jama gegen eine **J**eans | und flitzte zu seinem Ra**d**. | Hätte er nur schon den Mope**d**führerschein, | dann hätte er sich nicht so beeilen müssen | und auch die Mülleimer nicht übersehen. | Aber es war t**y**pisch, | dass ausgerechne**t** ihm so ein Missgeschick passierte. | Mit viel Mühe stopfte er die übel riechenden* Tüten in die Tonnen zurück | und ho**b** seinen a**b**gerissenen **F**ahrra**ddy**namo auf. | Er radelte ins G**y**mnasium | und kam dort gerade pün**k**tlich zur ersten Schulstunde an. | Eigen**t**lich fan**d** er die Lehrerin s**y**mpathisch, | aber als sie ihm seine Fünf in Mathe überga**b**, | war sie schon nicht mehr so nett. | Mit Z**y**lindern und P**y**ramidenstümpfen würde er sich nie anfreunden können. | Unglücklicherweise konnte er auch in Ph**y**sik | die Schaltkreiss**y**mbole | und die geübten Formeln nicht anzeichnen. | „Ein **v**öllig **v**erpatzter **V**ormittag“, | dachte er sich. ||

153 Wörter

** Auch möglich: übelriechenden*

87 Es wird geklagt …

Am Monta**g** fän**g**t die Woche an, |
am Monta**g** ruht der bra**v**e Mann. |
Das taten unsere Ahnen schon, |
wir halten stren**g** auf Tradition. |

Am Diensta**g** hält man mit sich Ra**t**, |
man sammelt Mu**t** und Kraf**t** und Ta**t**, |
be**v**or man anfäng**t**, | eins – zwei – drei, |
da ist der Diensta**g** schon **v**orbei. |

Am Mittwoch fasst man den En**t**schluss, |
bestimm**t**, es soll, | es wird, es muss, |
ma**g** kommen, was da kommen ma**g**, |
ab morgen früh ist Donnersta**g**. |

Am Donnersta**g** fasst man den Plan, |
von heute **ab** wird was getan. |
Gedacht, getan, | getan, gedacht, |
inzwischen ist es wieder Nach**t**. |

Am Freita**g** geht von alters her, |
was man auch anfän**gt**, | stets **v**erquer, |
drum ruh' dich aus und sei belehr**t**, |
wer gar nichts tut, | macht nichts **v**erkehr**t**. |

Am Samsta**g** dann ist Wochenen**d**', |
da wird dann grün**d**lich ausgepenn**t**, |
Heut' anzufangen lohnt sich nicht, |
die Ruhe ist des Bürgers **Pf**licht. |

Am Sonnta**g** möcht' man so **v**iel tun, |
am Sonnta**g** muss man leider ruh'n. |
Zur Arbei**t** ist es nie zu spä**t**, |
ach Kinder, wie die Zeit **v**ergeht. ||

(Volksgut)

170 Wörter

88 Verspäteter Start

Erfreu**t** blickt Herr Kindlein von der Klassenliste auf. | Ta**t**sächlich sind alle Schüler gesun**d**, | munter und pün**k**tlich an der Bushaltestelle eingetroffen. | Tagelan**g** hatte er eindrin**g**lich gepredi**g**t: | „Sei**d** unbedin**g**t rechtzeiti**g** um acht Uhr da, | sonst fährt der Bus ohne euch ab.“ | Nun schaut er erneut auf seine Armban**d**uhr. | „Hoffen**t**lich kommt der Bus bal**d**. | Wir wollen eigen**t**lich nicht en**d**los warten.“ |
Da eine e**x**akte Planun**g** für einen geglückten Aufenthal**t** en**t**scheidend ist, | packt Herr Kindlein noch einmal seine Checkliste für die Klassenfahrt aus | und trä**g**t sie der Klasse **v**or: | „Hört bitte aufmer**k**sam zu. | Ha**b**t ihr auch alles eingesteckt? | Hat jeder seine Krankenkassenkarte, | seinen Impfpass und einen Sonnenhut dabei?“ |
Dann zögert er einen Augenblick. | Er zuckt en**t**setzt zusammen, | wird bleich und wühl**t** geschäfti**g** in seiner Anora**k**tasche. | „Ich kann die Bestätigung für die Jugen**d**herberge nirgen**d**s finden! | Wenn der Bus kommt, | sa**gt** dem Fahrer Beschei**d**, | dass euer Lehrer sofor**t** zurückkommt.“ | Hasti**g** sprin**g**t er in sein Auto | und rast um die Ecke. | Als er en**d**lich wieder zurückkehrt, | sitzen alle Schüler berei**t**s lachen**d** im Bus. ||

167 Wörter

Klasse 9/10

89 Umbau auch im Gehirn

Dass sich das Aussehen währen**d** der Pu**b**ertät **v**erändert, | ist offensich**t**lich. | Doch auch im Gehirn von Jugen**d**lichen | tut sich einiges. | Anfan**g**s ging die Wissenschaft davon aus, | dass das Gehirn im Alter von se**chs** Jahren | so gut wie ausgewa**chs**en ist. | Sei**t** Kurzem* belegen Forschungen aber, | dass in der Pu**b**ertät neue **V**erbindungen | zwischen Ner**v**enzellen geknüpft werden | und andere dafür **v**erschwinden. | E**v**entuell führt dieser Umbau von Ner**v**en**v**erbindungen | zu we**chs**elnden Launen, | zu **V**ergesslichkeit | und auch zu Lernschwächen **v**ieler Pu**b**ertierender. | Außerdem **v**erlieren die Heranwa**chs**enden | **v**iel von ihrer Fähigkeit, | die Gefühle anderer Menschen einzuschätzen, | und reagieren deshalb oft impulsi**v**, | so die Wissenschaftler. | Erst mit etwa 18 Jahren erreicht das soziale Gespür | wieder das ursprün**g**liche Ni**v**eau. | **V**ielleicht können diese Erkenntnisse ja dazu beitragen, | dass Jugen**d**liche und Eltern in dieser **Ph**ase | ein bisschen mehr **V**erstän**d**nis füreinander haben. ||

132 Wörter

** Auch möglich: seit kurzem*

90 Der Igel

Der Igel ist ein drolliger Kauz | und dabei ein guter, furch**t**samer Gesell, | der sich ehrlich und re**d**lich | unter Mühe und Arbei**t** durchs Leben schlä**g**t. | Weni**g** zum Gesellschafter geei**g**net, | findet er sich fast ste**t**s allein | oder höchstens in Gemeinschaft mit seinem Wei**b**chen. | Unter den dichtesten Büschen, | unter Reisi**g**haufen oder in Hecken | hat sich jeder einzeln sein Lager aufgeschlagen | und mö**g**lichst be**qu**em zurechtgemacht. | Es ist ein großes Nes**t** aus Blättern, | Stroh und Heu. | Die Wohnun**g** des Wei**b**chens ist fast immer | nicht wei**t** von der des Männchens, | gewöhnlich in ein und demselben Garten. | Es kommt wohl auch vor, | dass sich beide Igel in der warmen Jahreszei**t** in ein Nest legen; | ja, zärtliche Igel mögen es gar nicht, | sich von ihrer Schönen zu trennen, | und teilen regelmäßi**g** das Lager mit ihr. | Dabei spielen sie allerlie**b**st miteinander, | necken und jagen sich gegenseiti**g**, | kurz, sie kosen zusammen, | wie **V**erlie**b**te überhau**p**t zu tun **pf**legen. ||

(Alfred Brehm, aus: Brehms Tierleben, 1864)

149 Wörter

91 Der Fuchs und die Trauben

Eine Maus und ein Spatz saßen an einem Her**b**staben**d** | unter einem Re**b**stock und plauderten miteinander. | Auf einmal zir**p**te der Spatz seiner Freundin zu: | „**V**ersteck dich, der Fu**chs** kommt!“, | und flo**g** rasch hinauf ins Lau**b**. |

Der Fu**chs** schlich sich an den Weinstock heran, | seine Blicke hingen sehnsüchti**g** | an den **v**ollen, überreifen Trauben. | **V**orsichti**g** spähte er nach allen Seiten. | Dann stützte er sich mit seinen **V**order**pf**oten | gegen den Stamm, | re**ck**te kräfti**g** seinen Körper em**p**or | und wollte mit dem Mun**d** ein paar Trauben erwischen. | Aber sie hingen zu hoch. |

Der Spatz, der schweigen**d** zuge**g**uckt hatte, | konnte sich nicht beherrschen | und zwitscherte belusti**gt**: | „Herr Fu**chs**, Ihr wollt zu hoch hinaus.“ |

Die Maus äu**g**te aus ihrem **V**ersteck | und pie**p**ste **v**orwitzi**g**: | „Gi**b** dir keine Mühe, | die Trauben bekommst du nie!“ | Und wie ein **Pf**eil schoss sie in ihr Loch zurück. |

Der Fu**chs** biss die Zähne zusammen, | rüm**pf**te die Nase und meinte hochmüti**g**: | „Sie sind mir noch nicht reif genu**g**, | ich ma**g** keine sauren Trauben.“ | Mit erhobenem Hau**p**t stolzierte er in den Wal**d** zurück. ||

(Nach Äsop)

172 Wörter

92 Schönheitskult bei Sissi

Elisabeth von Österreich-Ungarn | le**b**te von 1837 bis 1898. | Sie gal**t** als eine der schönsten Frauen ihrer Zei**t** | und war sich dessen auch bewuss**t**. | Sehr **v**iel Zei**t** des Tages | **v**erbrachte sie mit ihrer Schönheits**pf**lege. | Für ihre langen Haare, | die bis über die Hü**f**te reichten, | beschäfti**g**te sie eine eigene Friseurin. | Die Haarwäsche dauerte fast einen ganzen Ta**g** | und fan**d** alle drei Wochen statt. |

Elisabeth hatte großen Ehrgeiz, | ihre schmale Figur zu behalten. | Mit strengen Hungerkuren und engen Korsetts | erreichte sie einen Taillenumfan**g** von nur 50 Zentimetern. | Ihr Gewich**t** musste dreimal tä**g**lich überprü**f**t werden, | weil sie unbedin**g**t nicht mehr | als 50 Kilo wiegen wollte. | Hatte sie trotzdem einmal eine **P**raline oder Kuchen gegessen, | turnte sie sich die Kalorien sogleich wieder ab. | In der Wiener Hofbur**g** kann man heute noch | ihr Turnzimmer besichtigen, | das mit **v**erschiedenen Turngeräten ausgestattet wurde. | Sie unternahm zusätzlich kilometerlange Fußmärsche | in so raschem Tem**p**o, | dass kaum jeman**d** Schritt halten konnte. |

Um ihre Hau**t** jugen**d**lich zu erhalten, | le**g**te sie sich nach**t**s ge**p**resstes rohes Rin**d**fleisch | auf das Gesich**t**. | Zu ihrer Zei**t** soll dies | eine ü**b**liche Schönhei**t**smaske gewesen sein. | Wiewei**t** es geholfen hat, | ist nicht überlie**f**ert. ||

186 Wörter

Klasse 5/6

93 Spinatcremesuppe

Et-wa ein Ki-lo Spi-nat put-zen | und da-bei die Wur-zeln ent-fer-nen. |
Den Spi-nat 15 Mi-nu-ten düns-ten. |
500 ml Ge-mü-se-brü-he | und eben-so viel Sah-ne da-zu-ge-ben |
und zum Ko-chen brin-gen. |
Dann al-les pü-rie-ren. |
Mit Salz und Pfef-fer ab-schme-cken. |
Et-was Mus-kat-nuss da-zu-ge-ben. |
Fer-tig ist die Spi-nat-creme-sup-pe! |
Gu-ten Ap-pe-tit! ||

(Zuerst den Text diktieren und dann die Trennungen durch senkrechte Striche angeben lassen)

45 Wörter

94 Eine lange Einkaufsliste

▷ drei Pa-ke-te Scho-ko-la-den-küs-se |
▷ ein hal-ber Li-ter Zi-tro-nen-li-mo-na-de |
▷ vier-und-zwan-zig Wach-tel-ei-er |
▷ drei-und-acht-zig Blu-men-töp-fe |
▷ zwei-und-vier-zig Rol-len ex-tra-wei-ches Klo-pa-pier |
▷ fünf Glä-ser Vier-frucht-mar-me-la-de |
▷ sie-ben Fla-schen Ba-na-nen-milch |
▷ ein Ei-mer Erd-nuss-but-ter |
▷ Hals-schmerz-ta-b-let-ten |
▷ zwei-und-zwan-zig Leb-ku-chen-her-zen |
▷ zwei Ki-lo Zwerg-ka-nin-chen-fut-ter |
▷ fünf-und-vier-zig ro-sa-far-be-ne Dau-er-lut-scher |
▷ ei-ne Tü-te zu-cker-frei-e Gum-mi-bär-chen |
▷ drei di-cke grau-e Plüsch-ele-fan-ten |
▷ drei-und-neun-zig Me-ter Las-so-lei-ne |
▷ und ein gel-ber Gum-mi-ball ||

(Zuerst den Text diktieren und dann die Trennungen durch senkrechte Striche angeben lassen)

51 Wörter

95 Ein buntes Vergnügen

Si-cher warst du auch schon ein-mal | auf dem Rum-mel-platz | oder in ei-nem Ver-gnü-gungs-park. |
Hier gibt es vie-le Fahr-ge-schäf-te, | die für je-den Ge-schmack et-was bie-ten. | Ganz mu-ti-ge Be-su-cher fah-ren mit der Ach-ter-bahn | oder ei-ner Wild-was-ser-rutsch-bahn, | die man unter Ga-ran-tie klatsch-nass ver-lässt. | Manch-mal kann man sich so-gar | aus schwin-del-er-re-gen-der* Hö-he an ei-nem Gum-mi-seil | in die Tie-fe fal-len las-sen. | Doch die meis-ten Be-su-cher schau-en bei die-ser Mut-pro-be | lie-ber vom si-che-ren Bo-den aus zu. | Aber auch für die klei-nen | oder we-ni-ger mu-ti-gen Gäs-te | ist et-was ge-bo-ten. | Irr-gär-ten, Los-bu-den, | ein Rie-sen-rad oder Ka-rus-sells | dür-fen nir-gend-wo feh-len. | Selbst für das leib-li-che Wohl ist mit Würst-chen-bu-den, | Eis-stän-den oder Zu-cker-wat-te-ver-käu-fern über-all ge-sorgt. ||

(Zuerst den Text diktieren und dann die Trennungen durch senkrechte Striche angeben lassen)

107 Wörter

* *Auch möglich: Schwin-del er-re-gender*

96 Eine Reisegeschichte

In den Som-mer-fe-ri-en | war ich bei mei-nen Groß-el-tern | in Ita-li-en ein-ge-la-den. | Zum ers-ten Mal soll-te ich al-lei-ne | mit dem Zug fah-ren. | Auf dem Bahn-steig er-fuhr ich, | dass der Schnell-zug Ver-spä-tung hat-te. | Als der Zug dann ein-ge-fah-ren war, | such-te ich mei-nen Sitz-platz. | Doch die-ser war be-reits be-legt(,) | und so ver-brach-te ich die ers-te Zeit im Gang. | Erst als der Schaff-ner kam, half er mir, | ei-nen an-de-ren Platz zu fin-den. | Er frag-te mich, | ob ich nur die-se ei-ne Ta-sche da-bei-hät-te, | und jetzt be-merk-te ich, | dass ich mei-nen Kof-fer am Bahn-hof ver-ges-sen hat-te. | Der Schaff-ner te-le-fo-nier-te | und sorg-te da-für, | dass mein Ge-päck nach-ge-schickt wur-de. | An der Gren-ze muss-ten wir lan-ge war-ten. | Aber schließ-lich konn-te ich mei-ne Oma am Ziel um-ar-men. | Ich war froh, | end-lich da zu sein. ||

(Zuerst den Text diktieren und dann die Trennungen durch senkrechte Striche angeben lassen)

127 Wörter

Klasse 7/8

97 Hexenküche

Für die-ses be-währ-te Re-zept | be-nö-tigst du sie-ben-und-zwan-zig Spin-nen-bei-ne, | zwei Glä-ser Sau-er-kirsch-mar-me-la-de, | drei-und-acht-zig quick-le-ben-di-ge Al-li-ga-to-ren | so-wie ein-hun-dert-sie-ben-und-zwan-zig Ki-lo Rat-ten-gift. | Des Wei-te-ren müs-sen künf-ti-ge He-xen-meis-ter | und Zau-ber-lehr-lin-ge | ei-nen Zau-ber-spruch er-sin-nen | und die-sen zu mit-ter-nächt-li-cher Geis-ter-stun-de | rück-wärts aus-wen-dig vor-tra-gen. |
Ent-fa-che nun ein vier-und-vier-zig Me-ter ho-hes He-xen-feu-er | und um-run-de es mit ei-nem ul-tra-leich-ten Tur-bo-he-xen-be-sen. | War-te ein-und-zwan-zig Ta-ge, | bis das Feu-er he-run-ter-ge-brannt ist. | Stel-le ei-nen Kes-sel voll glib-be-ri-gem Wa-ckel-pud-ding auf die Glut | und gib die oben ge-nann-ten* Zu-ta-ten | in be-lie-bi-ger Rei-hen-fol-ge da-zu. | Rüh-re mit dei-nem Be-sen-stiel | sieb-zehn-mal um | und trin-ke ei-nen kräf-ti-gen Schluck. | Ver-kraf-ten dies dein Gau-men, Ma-gen und Herz, | be-kommst du das Eh-ren-fan-ta-sie-di-plom** in Gold. | Herz-li-chen Glück-wunsch! ||

(Zuerst den Text diktieren und dann die Trennungen durch senkrechte Striche angeben lassen)

104 Wörter

* *Auch möglich: oben-ge-nann-ten*
** *Auch möglich: Eh-ren-phan-ta-sie-di-p-lom*

98 Bammel vor Prüfungen

Mir ist vor Klas-sen-ar-bei-ten | im-mer ganz flau im Ma-gen. | Manch-mal zit-tern mei-ne Bei-ne auch(,) | und mein Herz schlägt ganz schnell. | Ich den-ke dann im-mer: | „Das krie-ge ich doch so-wie-so nicht hin, | be-stimmt wird es wie-der ei-ne Fünf." |
Neu-lich ha-be ich bei ei-nem Trai-ning | ge-gen Prü-fungs-stress mit-ge-macht. | Da ha-ben wir be-spro-chen, | wie wir uns am bes-ten | auf Test-si-tu-a-tio-nen vor-be-rei-ten. | Na-tür-lich | soll-te man den Stoff gut ler-nen. | Das war mir ehr-lich ge-sagt | auch vor-her schon klar. | Okay, | man könn-te even-tu-ell | et-was frü-her da-mit an-fan-gen. | In-te-res-sant* wa-ren dann aber | die Ent-span-nungs-übun-gen. | Bei der nächs-ten Ar-beit | wer-de ich auf-pas-sen, | dass ich mich vor-her nicht schon | in Ge-dan-ken ver-rückt ma-che, | und ver-su-chen, | ganz ru-hig zu at-men und so. | Ich bin mal ge-spannt, | ob das hilft. ||

123 Wörter

**Auch möglich: in-ter-es-sant*

99 Ein Sommergewitter mit Folgen

Am spä-ten Mitt-woch-nach-mit-tag | feg-te ein or-kan-ar-ti-ger Ge-wit-ter-sturm | über wei-te Tei-le der Nord-see-küs-te hin-weg. | Ganz be-son-ders die Fe-ri-en-gäs-te wa-ren |

von dem kur-zen, aber hef-ti-gen Un-wet-ter völ-lig über-rascht. | Ge-ra-de auf den vor der Küs-te lie-gen-den In-seln | zeig-te sich das Wet-ter an die-sem Tag | aus-ge-spro-chen son-nig(,) | und so ver-brach-ten die meis-ten Ur-lau-ber ih-ren Tag am Strand. | Nach an-fäng-li-chem Don-ner-grol-len | peitsch-ten aus hei-te-rem Him-mel kräf-ti-ge Sturm-bö-en | die Wel-len an den Strand(,) | und es be-gann sint-flut-ar-tig zu reg-nen. | Un-zäh-li-ge Son-nen-schir-me, Hand-tü-cher und an-de-re Ge-gen-stän-de | wur-den oh-ne Vor-war-nung weg-ge-fegt. |
Selbst ein Zwerg-pu-del | an der Lei-ne wur-de ei-ner Da-me aus der Hand ge-ris-sen. | Spä-ter wur-de der Klei-ne un-ver-sehrt, | aber laut win-selnd hin-ter ei-ner Dü-ne | von Pas-san-ten ge-fun-den. | Nach gut ei-ner hal-ben Stun-de | war der Spuk vor-bei. | Ver-letzt wur-de glück-li-cher-wei-se nie-mand. | Den-noch ent-stand ein be-trächt-li-cher Sach-scha-den | an Strand-kör-ben, par-ken-den Au-tos | oder Im-biss-bu-den. ||

(Zuerst den Text diktieren und dann die Trennungen durch senkrechte Striche angeben lassen)

138 Wörter

Klasse 9/10

100 Die Badewanne

Die Ba-de-wan-ne prahl-te sehr. |
Sie hielt sich für das Mit-tel-meer |
Und ih-re ei-ne Sei-ten-wand |
Für Hel-go-län-der Küs-ten-land. |
Die an-dre Sei-te – gab sie an – |
Sei das Ge-bir-ge Hin-du-s-tan*(,) |
Und ih-re gro-ße Run-dung sei |
Be-stimmt die De-la-goa-bai*. |
Von ih-rem spit-zen En-de vorn |
Er-klär-te sie, es sei Kap Horn. |
Den Ket-ten-zug am Re-gu-la-tor |
Hielt sie so-gar für den Äqua-tor. |
Sie war – nicht wahr, das mer-ken Sie? – |
Sehr schwach in Geo-gra-fie**. |
Dies ein-ge-bil-de-te Bas-sin*, |
Es wohn-te im Quar-tier la-tin*. ||

(Joachim Ringelnatz)

77 Wörter

* *Diese Wörter kann man vorgeben.*
***Auch möglich: Geo-gra-phie*

9 Wortbausteine -lich/-ig

Klasse 5/6

101 Briefgeheimnis

Liebe Eva, |
herz**lich**en Dank für Deinen* Brief. | Ich habe mich ehr**lich** darüber gefreut. | Ich finde auch, | dass wir unseren Streit | end**lich** beenden sollten. | Ich bin richt**ig** glück**lich**, | dass Du am Dienstag | nach der Schule zu mir kommen willst, | damit wir reden können. | Es war näm**lich** | ziem**lich** langweil**ig** ohne Dich. | Natür**lich** war ich ärger**lich** auf Dich, | als Du so plötz**lich** abgehauen bist. | Es ist mir schließ**lich** wicht**ig**(,) | zu wissen, wo Du bist. | Ich bin schreck**lich** neugier**ig** | auf Deinen Bericht. |
Bis Dienstag, Deine Lena ||

83 Wörter

** Die Anredepronomen im Brief können auch kleingeschrieben werden: du - dich - deinen …*

102 Die Löwenfamilie

Fried**lich** ruht die Löwenfamilie | im Schatten eines Baumes. | Die Mittagshitze | macht selbst das Männchen schläfr**ig**. | Deut**lich** erkennt man ihn in der Gruppe. | Er wirkt besonders kräft**ig**(,) | und seine Mähne ist gewalt**ig**. | Trotz seiner Matt**ig**keit bleibt er für Angreifer sehr gefähr**lich**. |
In der Dämmerung gehen die erwachsenen Weibchen | im Rudel gemeinsam auf die Jagd. | Die Jungen fühlen sich hungr**ig**, | aber sie bleiben ruh**ig** | und verstecken sich im hohen Gras. | Waren die Mütter erfolgreich, | tragen sie die Beute zu den anderen. | Glück**lich** über den Jagderfolg, | machen sich alle über die dicken Brocken her. | Das Männchen bekommt natür**lich** den Löwenanteil! | Obwohl sie noch gesäugt werden, | nagen auch die Jungen | schon genüss**lich** die Fleischreste | von den Knochen ab. ||

116 Wörter

103 Himmel und Hölle

Kennst du dieses vergnüg**lich**e Spiel? | Wahrschein**lich** haben die römischen Soldaten | es zu uns mitgebracht. | Das zeigt, | dass es keineswegs zu kindisch | für dich ist! | Es gibt unzähl**ig**e verschiedene Namen dafür. | Hier sind die Spielregeln: |
Zuerst wird auf den Boden | ein läng**lich**es rechteck**ig**es Spielfeld gezeichnet | oder geritzt. | Es wird gleichmäß**ig** in elf Felder eingeteilt. | Unten ist die Erde, | oben der Himmel. | Dazwischen liegt ein Feld mit der Hölle. |
Nun wirft der erste Spieler | einen belieb**ig**en kleinen Stein | in das Feld der Erde. | Dann hüpft er auf einem Bein hinterher | und versucht gleichzeit**ig**, | mit dem Fuß den Stein | in das nächste Feld zu kicken. | So hüpft er züg**ig** von Feld zu Feld, | bis sein Stein | end**lich** oben im Himmel angekommen ist. | Dabei dürfen weder sein Stein | noch er selbst die Hölle berühren | oder den Rand eines Feldes übertreten. ||

139 Wörter

Klasse 7/8

104 Herzlich gelacht

Lachen ist die beste Medizin, | das weiß schon der Volksmund. | Diese Erkenntnis macht sich nun auch die Heilkunst zunutze*. | Seit einiger Zeit wird das gesundheitsförder**lich**e Lachen | als besondere Form des Yoga** praktiziert. | Dabei wird in Gruppen regelmäß**ig** und ausgieb**ig** gelacht, | auch völl**ig** ohne Grund. | Entwickelt wurde diese Methode | von einem indischen Arzt eher zufäll**ig**, | als dieser feststellte, | dass die tiefe Atmung und das heft**ig** bewegte Zwerchfell | beim Lachen beruhigend und befreiend wirken. | Nach Aussage von Lachtherapeuten | werden tatsäch**lich** auch dann Glückshormone produziert, | wenn man nur so tut, | als sei man glück**lich**. | Darum betreiben sie das Lachen absicht**lich**. | Mit fröh**lich**en Lachübungen, | die Ungeübten anfangs etwas merkwürd**ig** erscheinen, | leiten sie Menschen an, | willent**lich** zu lachen. | Ist das nun vernünft**ig** oder lächer**lich**? ||

121 Wörter

** Auch möglich: zu Nutze*
*** Auch möglich: Joga*

105 Zelten? Nein danke!

Freud**ig** kamen Susi und Frank im Ferienlager an. | Abenteuer**lich** und lust**ig** sollte es werden, | doch stattdessen war das Wetter scheuß**lich**. | Regnete es nicht, so blieb der Himmel wolk**ig**(,) | und es war alles andere als sommer**lich** warm. | Natür**lich** hatten die beiden bei dieser Campingreise keinen Luxus erwartet, | aber dass es so gräss**lich** und nass werden würde, | damit hatten sie nicht gerechnet. |

In den ersten beiden Tagen war die Stimmung | trotz allem noch prächt**ig** gewesen. | Doch dann wurde es in den Zelten richt**ig** ekl**ig**. | Der Dauerregen weichte alles auf, | sodass* der lehm**ig**e Boden nach ein paar Tagen völl**ig** matsch**ig** wurde. | Durch das löchr**ig**e Zeltdach tropfte es hinein. | Die Schlafsäcke waren klamm(,) | und es wurde sehr ungemüt**lich**. | Nach einer Woche gaben sie traur**ig** auf | und ließen sich von ihren Eltern abholen. | Glück**lich**, wieder im Trockenen zu sein | waren sie sich ein**ig**: | „Zelten? Nein danke!“ ||

144 Wörter

** Auch möglich: so dass*

106 Ein nächtlicher Ausflug

Natür**lich** sollte ich nachts eigent**lich** im Bett liegen. | Aber heute habe ich mich heim**lich** hinausgeschlichen, | um mich mit Frieder zu treffen. | Gemeinsam laufen wir zur alten Burg, | wo es um Mitternacht besonders grusel**ig** ist. | Früher lebte hier angeb**lich** ein reicher König. | Einmal ließ er einen Mönch unschuld**ig** in den Kerker werfen. | Wochen später machte der König einen graus**ig**en Fund: | Der Mönch war verschwunden, | dafür lag sein einz**ig**er Sohn verhungert im Verlies. | Beim Gedanken an diese Geschichte fühlen wir uns ziem**lich** mulm**ig**, | aber schließ**lich** soll dies hier eine Mutprobe werden. | Wir wollen näm**lich** über die alte Burgmauer balancieren. | Als Frieder das rost**ig**e Tor zum Burghof | vorsicht**ig** öffnen will, | schreit er auf. | Er hat in eine ekl**ig**e, klebr**ig**e Masse gefasst. | Schon ist es mit unserem Mut vorbei. | Wir laufen mit Höchstgeschwindigkeit davon. |

Vor meinem Bett finde ich einen leeren Topf Honig. | Fürsorg**lich** haben meine Eltern dafür gesorgt, | dass ich mich wieder in meine flausch**ig**en Kissen kuscheln kann, | statt auf gefähr**lich**e Mauern zu klettern. | Aber woher haben sie bloß von unserem Vorhaben gewusst? ||

173 Wörter

Klasse 9/10

107 Gewürze

Gewürze sind Pflanzenteile mit natür**lich**en Geruchs- oder Geschmacksstoffen, | die Speisen zugegeben werden, | damit diese bekömm**lich** sind und würz**ig** schmecken. | Die Blätter, Blüten oder Samen | werden zerstoßen, gerebelt | oder gemahlen verwendet. | Ebenfalls üb**lich** ist die Verwendung | von Aromaauszügen der Pflanzen. | Diese können wässr**ig**, öl**ig** oder alkoholisch sein | wie Rosenwasser oder Nelkenöl. |
Im Mittelalter entwickelte sich ein sehr einträg**lich**er Gewürzhandel. | Auch für Medizin oder zur Haltbarmachung von Lebensmitteln | waren Gewürze nöt**ig**. | Auf langen Seewegen kamen Muskatnuss, | Safran oder Zimt von Asien bis nach Europa, | wo sie so teuer verkauft wurden, | dass sie nur für Reiche erschwing**lich** waren. | Pfeffer war so wertvoll, | dass er buchstäb**lich** mit Gold aufgewogen wurde. | Ein reicher Kaufmann wurde deshalb | abschätz**ig** „Pfeffersack“ genannt. | Heute können wir alle ganz selbstverständ**lich** | viele Gewürze aus aller Welt | in unserer Küche benutzen. ||

130 Wörter

108 Handy weg – was nun?

Wenn einem das Handy abhandenkommt, | ist das nicht nur ärger**lich**, | es kann auch richt**ig** kostspiel**ig** werden. | Wird mit dem Gerät widerrecht**lich** telefoniert, | hat man die Gebühren dafür | vollständ**ig** zu bezahlen, | es sei denn, | es wurde ausdrück**lich** eine Haftungsgrenze vereinbart. | Bei einem Mobiltelefon mit begrenztem Guthaben | kann man noch glimpf**lich** davonkommen. | In jedem Fall ist es aber nütz**lich**, | das Gerät über einen Zugriffscode* zu sichern, | den man am besten auswend**ig** kennt. |
Wer den Verlust seines Handys feststellt, | kann natür**lich** zuerst versuchen, | es anzurufen. | Ist das vergeb**lich**, | sollte man die Karte unverzüg**lich** telefonisch | beim jeweiligen Mobilfunkunternehmen sperren lassen. | Für die Sperrung ist es zweckmä**ßig**, | die eigene Rufnummer bereitzuhalten, | zusätz**lich** die Kartennummer und die Seriennummer, | mit der das Gerät eindeut**ig** wiedererkannt werden kann. | Oft ist eine solche Sperrung unentgelt**lich**, | manchmal aber auch gebührenpflicht**ig**. |
Nütz**lich** kann es außerdem sein, | seine Festnetznummer auf dem Handy zu hinterlegen. | Ist ein Finder ehr**lich**, | hat er dann näm**lich** eventuell die Chance, | sich zu melden. | Sonst bleibt einem nichts anderes übr**ig**, | als die ört**lich**en Fundbüros abzuklappern. ||

171 Wörter

** Auch möglich: Zugriffskode*

10 Wortbausteine ent-/end-

Klasse 5/6

109 Entscheidungsschwierigkeiten

Endlich haben die Sommerferien begonnen. | Meine Eltern können sich aber wieder einmal nicht **ent**scheiden, | wohin sie in den Urlaub fahren wollen. | Manchmal bin ich richtig wütend, | weil sie immer so **ent**setzlich un**ent**schlossen sind. | Alle meine Freunde erzählen lachend | von ihren Urlaubsplänen. | Und ich? | Ich kann nur sagen, | dass wir **ent**weder ans Meer | oder in die Berge fahren. | Am Ende fahren wir wieder nirgends hin, | sondern machen irgendwelche Tagesausflüge. | Dann bin ich **ent**täuscht. | Davon habe ich nun **end**gültig genug! | Heute mache ich ihnen einen Vorschlag. ||

85 Wörter

110 Pias großer Tag

Endlich war es so weit. | Pia hatte hart für diesen Augenblick geübt. | Sie hatte sich | vor über einem halben Jahr **ent**schlossen, | beim Tennisturnier für Jugendliche anzutreten. | Monatelang hatte sie mit ihrem Trainer | eine neue Technik **ent**wickelt(,) | und jetzt stand sie im **End**spiel. | Ihre Gegnerin war ein Jahr älter | und fast einen Kopf größer als sie. | Nach dem ersten Satz | sah es für Pia nicht gut aus, | doch dann **ent**faltete sie ihr ganzes Können | und gewann den zweiten Satz. | Jetzt war das Spiel ein richtiger **End**kampfkrimi(,) | und am Ende verließ sie | als Siegerin den Platz. | Ihr Trainer war **ent**zückt(,) | und Pia strahlte über das ganze Gesicht, | als sie ihren Pokal **ent**gegennahm. | Das **ent**schädigte doch für alle Mühen. ||

119 Wörter

111 Die Wettfahrt

Die Schule war **end**lich aus. | Lena und Max fuhren | mit ihren Fahrrädern nach Hause*. | Unterwegs hatte Max eine Idee. | „Lass uns eine Wettfahrt machen“, | schlug er vor. | „Wer zuerst bei der großen Kreuzung ankommt, | hat gewonnen!“ | Lena war einverstanden. |

Schon bald hatte Max einen Vorsprung. | Er **ent**fernte sich immer weiter von Lena, | bis er hinter einer Biegung verschwand. | Der Weg führte an einem Park **ent**lang. | Lena strengte sich an | und trat kräftig in die Pedalen. | Die Strecke kam ihr **end**los vor. | Vermutlich würde sie Max nicht mehr einholen. |

Doch nach der letzten Kurve | **ent**deckte sie das Fahrrad von Max. | Es lag einfach am Wegrand. | Ob ihm etwas zugestoßen war? | Lena schaute sich um. | Da sah sie, | wie Max vorsichtig | zwei Entenküken in den Händen trug | und zu einem kleinen Teich brachte. | „Sie wären mir fast vor das Fahrrad gelaufen. | Ich musste ihnen helfen“, | **ent**schuldigte er sich, | als er zurückkam. | Aber da saß Lena schon wieder im Sattel und rief: | „Auf zum **End**spurt!“ | Wer wohl gewonnen hat? ||

168 Wörter

** Auch möglich: nachhause*

Klasse 7/8

112 Geständnis

Liebe große Schwester, |
gestern Abend habe ich an Deiner* Tür gelauscht. | Eigentlich bin ich froh, | dass Du Dich **end**lich von Herrn Stein getrennt hast, | denn das wurde ja auch Zeit. | Schließlich war es mir **ent**setzlich peinlich, | dass Du Dich ausgerechnet in unseren Referendar verliebt hast. | Ich war schrecklich wütend, | denn alle meine Freunde | haben über Eure **end**lose Knutscherei gelästert. | **Ent**gegen meiner Aussage ist er aber gar nicht verheiratet, | ich habe ihn auch nie lachend | mit drei Kindern den Fluss **ent**langspazieren sehen. | Eigentlich habe ich ihn nirgends mehr ohne Dich gesehen. | Weil Du nun aber wegen meiner Lüge | so furchtbar **ent**täuscht bist | und ich Dich nur noch heulend sehe, | möchte ich mich bei Dir **ent**schuldigen. | Ich hoffe, dass Du mir noch einmal verzeihst. |
Dein kleiner Bruder ||

127 Wörter

** Die Anredepronomen im Brief können auch kleingeschrieben werden: du - dich - deiner ...*

113 Schneewittchen in Kurzfassung

Weil die alte Stiefmutter sich nicht damit abfinden konnte, | dass sie **end**gültig gegen die Schönheit Schneewittchens verloren hatte, | sollte der Jäger dem Leben des Mädchens ein Ende bereiten. | Doch Schneewittchen konnte ihm **ent**kommen | und landete bei den sieben Zwergen. | Dort war es zwar **ent**setzlich eng, | aber sicher. | Schneewittchen erledigte für die Zwerge den ganzen Haushalt. | Sie **ent**staubte die Hütte, | kochte, | **ent**kernte Kirschen und bediente sogar den **Ent**safter. |
Die Zwerge waren sehr zufrieden | und **ent**sprechend gut war die Stimmung im Haus. | Allerdings befürchteten sie, | dass die alte Stiefmutter das Mädchen **ent**decken könnte. | Eines Tages fanden sie Schneewittchen tatsächlich leblos auf dem Boden. | Die Stiefmutter hatte mit einem vergifteten Apfel ihr Leben beendet, | welch **ent**setzliche Tat! | Die Tränen der Zwerge flossen **end**los. | Sie legten das Mädchen in einen gläsernen Sarg. | Da kam ein Königssohn den Weg **ent**lang. | Er verliebte sich auf der Stelle | und ließ den Sarg forttragen. | Unterwegs stolperten die Diener. | Dadurch löste sich **end**lich das giftige Apfelstück(,) | und Schneewittchen wurde gerettet. ||

164 Wörter

114 **Unterwegs mit der Bahn**

Als Herr Müller an diesem verschneiten Morgen aufwachte, | **ent**schloss er sich, | mit dem Zug zur Arbeit zu fahren. | Schon die Anfahrt mit dem Auto zum Bahnhof | dauerte **end**los lange(,) | und Herr Müller sah sich in seinem **Ent**schluss, | den Wagen stehen zu lassen, | bestätigt. | Nach einiger Suche **ent**deckte er eine Parklücke. | Der Zug wartete schon(,) | und Herr Müller stieg, | verwundert über die wenigen Fahrgäste, ein. | Nach kurzer Fahrt stoppte der Zug. | Herr Müller fragte den Schaffner(,) | und dieser **ent**gegnete, dass die Gleise **ent**eist werden müssten, | bevor die Fahrt fortgesetzt werden könne. | Nachdem ein **ent**gegenkommender Zug vorbeigerollt war, | setzte sich auch diese Bahn **end**lich wieder in Bewegung. | Doch bis zur **End**station war es noch weit(,) | und so kam Herr Müller an diesem Tag viel zu spät in der Stadt an. | Nach einem kurzen **End**spurt stand er völlig außer Atem | vor dem verschlossenen Bürogebäude. | Ihm war **ent**fallen, dass heute Sonntag war. | **Ent**täuscht nahm er den nächsten Zug | in die **ent**gegengesetzte Richtung. ||

162 Wörter

Klasse 9/10

115 Lieber Max,

endlich komme ich dazu, mich bei Dir* zu melden. | Bitte **ent**schuldige, dass es so lange gedauert hat, | aber mein Umzug nach Ostfriesland | hat doch viel Arbeit gemacht. | Nun wohne ich schon seit sechs Monaten hier | und **ent**decke viel Neues. | Am letzten Wochenende war ich zum Beispiel | zu einer Boßel-Partie eingeladen. | Dabei müssen zwei Mannschaften eine bestimmte **Ent**fernung | mit möglichst wenig Würfen überwinden. | Man spielt **ent**lang einer geraden Strecke | und wirft mit einer Kugel. | Die Technik sieht leichter aus, als sie ist. | Ich war insgeheim **ent**setzt darüber, | wie schlecht ich zu Beginn war. | Doch zum Glück hatte ich mich | bis zur **End**runde deutlich gesteigert. | Trotzdem fiel das **End**ergebnis | zugunsten** der Gegenmannschaft aus, | was aber alle mit Humor nahmen. |

Hast Du Dich schon **ent**schieden, | wann Du mich hier besuchen möchtest? | Ich freue mich schon darauf, Dir alles zu zeigen, | und bin sicher, Du wirst nicht **ent**täuscht sein. |

Dein Freund Otto ||

150 Wörter

* *Die Anredepronomen im Brief können auch kleingeschrieben werden.*

** *Auch möglich: zu Gunsten*

116 Krummes Maß

Der erste Marathonläufer soll den Lauf nicht überlebt haben. | Nach der Legende wurde er von der Stadt Marathon | ins etwa 40 Kilometer **ent**fernte Athen **ent**sandt, | um die Botschaft vom Sieg über die Perser zu überbringen. | Dort **end**lich angekommen(,) | sei er tot zusammengebrochen mit den Worten: | „Freut euch, wir haben gesiegt!" |

Die **end**gültige Länge dieses Langstreckenlaufs | ergab sich eher zufällig | anlässlich der Olympischen Spiele | in London im Jahr 1908. | Die Marathonstrecke, die bis dahin | 40 Kilometer betragen hatte, | sollte er nun genau vor der Ostterrasse von Schloss Windsor beginnen | und vor der königlichen Loge des neuen Londoner Olympiastadions enden. | **Ent**sprechend wurde die **Ent**fernung kurzerhand | auf 42,195 Kilometer verlängert. | Letzt**end**lich wurde einige Jahre später **ent**schieden, | genau diese Distanz als offizielle Streckenlänge festzuschreiben. | Heute haben sich diese Läufe zu sportlichen Großereignissen **ent**wickelt, | die in vielen Großstädten ausgetragen werden. | Insbesondere **ent**lang des letzten Streckenabschnitts | stehen dann viele Zuschauer, | um die Läufer für den **End**spurt anzufeuern. | Nach der un**end**lich großen Anstrengung benötigen | die völlig **ent**kräfteten Sportler meist mehrere Wochen, | um sich vollständig zu erholen. | Doch das erhebende Gefühl, | diese **end**los erscheinende Strecke bewältigt zu haben, | **ent**schädigt sie für die Strapazen. ||

187 Wörter

11 Getrennt- und Zusammenschreibung

Klasse 5/6

117 Büchereiordnung

Zur **Wiedereröffnung** unserer Bibliothek | möchten wir Sie über unsere Ausleihbedingungen informieren. |
Unsere **Öffnungszeiten** haben sich nicht geändert. |
Wir bitten Sie **weiterhin**(,) sich die Bücher selbst **auszusuchen** | und aus dem Regal zu holen. |
Um das **Wiederfinden** zu erleichtern, | bitten wir Sie(,) | die Bücher immer an den richtigen Platz **zurückzustellen**. |
Wir möchten Sie daran erinnern, | die Bücher **termingerecht zurückzugeben**. | Sonst müssen wir Ihnen | **Mahngebühren** in Rechnung stellen. |
Für Schäden an den Büchern müssen Sie **aufkommen** | sowie eine **Wiedergutmachung** bezahlen. ||

78 Wörter

118 Fahrkünstler?

Manche Leute können **Auto fahren** | und dabei **Kaffee trinken**, | **Telefonate führen** oder auch **Karten lesen**. | Dabei kann das leicht **schiefgehen**. | Als ob sie nicht wüssten, | dass sie **Gefahr laufen**, | einen Unfall zu bauen | und den ganzen Verkehr **lahmzulegen**! | Und **Strafe zahlen** müssen sie dann natürlich auch. | Neulich sah ich doch sogar jemanden | vor einer roten Ampel beim **Zeitunglesen**. | Als die Ampel auf Grün schaltete, | legte er sie noch nicht mal **zur Seite**. | Da können einem doch die Haare **zu Berge** stehen. ||

82 Wörter

119 Sonnenbrand – nein danke!

Nach dem Winter freut sich jeder | über die **lang erwarteten** warmen Sonnenstrahlen. |
Viele legen sich dann sofort zum **Sonnenbaden** nach draußen. | Doch Vorsicht: Unsere **hochempfindliche** Haut | bekommt schnell einen Sonnenbrand, | wenn wir nicht **achtgeben***. | Darum sollte es **selbstverständlich** sein, | eine Sonnenmilch mit **hoch dosiertem**** **Lichtschutzfaktor** zu verwenden. |
Darüber hinaus ist es klug, | wenn man während der heißen Mittagszeit **daheimbleibt** | oder sich **zumindest** im Schatten aufhält. |
Auch Kleidung schützt vor **zu viel** Sonnenbelastung. | Wenn man am Strand ein T-Shirt **überstreift** | und einen **breitkrempigen** Sonnenhut trägt, | wird das der Haut auf jeden Fall **guttun**. ||

95 Wörter

** Auch möglich: Acht geben*
*** Auch möglich: hochdosiertem*

120 Weihnachten zu Hause*

In diesem Jahr durfte ich **mitkommen,** | um den Weihnachtsbaum **auszusuchen.** | Eine **hochgewachsene** Tanne gefiel Mutter | und mir am besten. | Vater und Verena mussten inzwischen | das ganze Haus nach dem Christbaumschmuck **durchsuchen.** | Ein Teil der Kugeln war wohl **abhandengekommen,** | trotzdem war noch genug Schmuck | **übrig geblieben****, | um den Baum prächtig **herauszuputzen.** |
Ich wusste, | dass mir das Warten | auf die Bescherung **schwerfallen** würde. | Aber **diesmal** schien die Zeit | **gar nicht vorübergehen** zu wollen. | Ich war so froh, | als wir endlich alle **zusammensaßen** | und unsere Geschenke **auspackten.** | Meine Schwester schenkte mir tatsächlich | **selbst gestrickte***** **knallbunte** Socken. | Da musste ich **zweimal hinsehen,** | doch **mittlerweile** finde ich sie ganz schön. ||

108 Wörter

* *Auch möglich: zuhause*
** *Auch möglich: übriggeblieben*
*** *Auch möglich: selbstgestrickte*

121 Auf dem Jahrmarkt

Im Mittelalter entstanden in größeren Städten | **mehrtägige** Märkte, | die meist einmal im Jahr | zu besonderen Feiertagen **stattfanden.** | Diese Jahrmärkte waren wichtige Ereignisse | im Leben der Stadtbewohner. | Aus den **umliegenden** Bauerndörfern | brachte man Vieh und Ackerfrüchte, | Obst und Wein zum Verkauf. | Zu diesem Anlass kamen aber auch | **weit gereiste*** Händler, | die Waren **anboten,** | die es sonst nur selten | oder **gar nicht** zu kaufen gab: | **fremdartige** Gewürze, | **wunderschöne** Stoffe, | **neumodische** Töpfer- und Schmiedewaren. | Ebenso nutzte man die Gelegenheit, | um Nachrichten aus **entfernt gelegenen** Gebieten | **zu hören** und **auszutauschen.** |
Zudem wurden Gerichtstermine | und besondere Gottesdienste **abgehalten.** | Immer **wiederkehrende** Besucher der Jahrmärkte | waren Gaukler, **Wahrsager,** | **Wanderschauspieler** und Musikanten. | Auch Kesselflicker, | Scherenschleifer oder **Heilkundige** | gehörten zu den **gern gesehenen**** Gästen. ||

118 Wörter

* *Auch möglich: weitgereiste*
** *Auch möglich: gerngesehenen*

122 Hausaufgaben

Max hat sein Deutschbuch | im Klassenzimmer **liegenlassen***. | Dabei sollte er daraus als Hausaufgabe | ein Gedicht **auswendig lernen**. | Wenn er wieder eine schlechte Note bekommt, | droht ihm das **Sitzenbleiben**. | Deshalb ruft er seinen besten Schulfreund an. | „Der kann gerade nicht“, | meint seine Mutter, | „er ist im Bad | und möchte sich einige Haarsträhnen **rot färben****.“ |
Nichtsdestotrotz gibt Max nicht auf | und geht **geradewegs** zu Annika | in die **Pariser Straße**. | „Was willst du denn hier?“, | fragt sie erstaunt. | **Kleinlaut** trägt Max seine Bitte vor(,) | und Annika hilft ihm **bereitwillig** | mit ihrem Buch aus. | Sie kann das Gedicht schon **aufsagen** | und bietet ihm sogar an, | mit ihm zu lernen. | **Trotzdem** hat Max das Gefühl, | sie wolle ihn **loswerden**. | Darum geht er wieder. | Das ist ihm **ohnehin** lieber, | denn allein kann er am besten lernen. ||

131 Wörter

* *Auch möglich: liegen lassen*

** *Auch möglich: rotfärben*

Klasse 7/8

123 Welche Farbenpracht!

In der letzten Woche haben wir uns in der Schule getroffen, | um unseren Kunstraum gründlich **aufzuräumen**. |
Zuerst sollten wir die vielen Farbeimer sortieren | und **aufeinanderstapeln**. | Wir türmten **wohlgemut** einen Eimer auf den anderen, | bis unser Kunstlehrer plötzlich **innehielt** | und ganz erschrocken aussah. | Schon bog sich der Turm und fiel **lautstark** um. | **Bedauerlicherweise** waren die Eimer **größtenteils aufgegangen**. | Da sahen wir nun **himmelblaue, blutrote** | und **leuchtend grüne** Farbe **ineinanderfließen**. | **Inmitten** dieser Farbenpracht stand **mit einem Mal** | **bunt gescheckt*** unser Rektor, | der ausgerechnet in diesem Moment **aufgetaucht** war, | um sich bei uns zu bedanken. ||

94 Wörter

* *Auch möglich: buntgescheckt*

124 Wohnen im alten Rom

Das alte Rom zog viele Menschen an, | die hier auf engem Raum **zusammenlebten**. | In **dicht bevölkerten*** Stadtteilen waren die Häuser **vollgestopft**. | Also baute man in die Höhe. | Man errichtete aus Steinpfeilern | und **hart gebrannten**** Ziegeln mehrstöckige Mietshäuser. | Im Erdgeschoss befanden sich Läden und Werkstätten, | in den oberen Stockwerken lebten die einfachen römischen Bürger | in **feuchtkalten** Wohnungen. | Diese bestanden meist aus nur einem Raum | und hatten keine eigene Küche. | Fließendes Wasser gab es **ebenso wenig** | wie richtige Heizungen. | **Vielmehr** konnte man sich an einem **nahe gelegenen***** Brunnen Wasser holen, | das dann allerdings in die **hoch gelegenen****** Stockwerke zu tragen war. | Zum Heizen mussten viele Menschen mit Holzkohle | in tragbaren Kohlebecken **vorliebnehmen**. |
Wer baden wollte, | musste die öffentlich **zugänglichen** Badestuben **aufsuchen**, | die es **zur Zeit** von Christi Geburt | bereits **hundertfach** in Rom gab. ||

134 Wörter

* *Auch möglich: dichtbevölkerten*
** *Auch möglich: hartgebrannten*
*** *Auch möglich: nahegelegenen*
**** *Auch möglich: hochgelegenen*

125 Vor der großen Reise

Familie Wenzel plant eine **fünfwöchige** Reise nach Australien. | Herr Wenzel war im Reisebüro und berichtet, | wie die Anreise **vonstattengehen** wird. |
„Wir werden zuerst bis zum Flughafen Zug fahren. | Im Flugzeug können wir Gott sei Dank auf der langen Strecke | in einer Reihe **beieinandersitzen**. | In Dubai und Singapur werden wir **zwischenlanden** | und sind dann **frühmorgens** am Ziel. | Dort steht ein **voll klimatisierter*** Wagen bereit, | in dem wir für unsere Koffer und die Zeltausrüstung |

genug Platz finden werden. | Ich denke, | wir sollten dann den **nächstbesten** Zeltplatz ansteuern | und uns von der **nicht enden wollenden** Reise erholen. | Finden wir keinen, | müssen wir **schlimmstenfalls** ein Hotel suchen, | aber das ist kein Problem. | Nachdem wir mal wieder **durchgeschlafen** haben, | können wir am nächsten Tag an der Küste **entlangfahren.** | Ich hoffe, dass alles **glattgehen** wird.“ ||

133 Wörter

* *Auch möglich: vollklimatisierter*

126 Schulparty

Nächste Woche soll in unserer Schule | eine große Party **stattfinden.** | Die Klassensprecher müssen dafür die Musik | und das Programm **zusammenstellen.** | „Wir **handhaben** es am besten so, | dass sich die eine Hälfte um die Lieder kümmert | und die anderen den Rest erledigen“, | schlug der Schülersprecher vor. | Ich musste mich nicht **breitschlagen** lassen, | dafür **Sorge zu tragen,** | dass die Stereoanlage mit Lautsprechern | und Mischpult rechtzeitig **aufgebaut** wird. | Diesen Job erledigte ich **alljährlich** | für die Faschingsfeier unseres Sportvereins. | Doch es war **schlichtweg** ein Problem, | einen geeigneten Standort zu finden. | Ich musste überall **nachsehen,** | ob Steckdosen in erreichbarer Nähe waren, | und sogar den Musikraum der Schule auf den Kopf stellen, | um alles Zubehör **zusammenzusuchen.** | Letzten Endes sollte die Anlage dann | zwischen der Bar und dem Eingang **Platz finden.** | Es zeigte sich später, | dass ich den Standort **gut gewählt** hatte, | aber **allzu oft** würde ich diese Arbeit | wohl doch nicht mehr machen. ||

148 Wörter

127 Der Heuwagen

An einem **brütend heißen** Sommertag | lud der Bauer **meterhoch** Heu auf seinen Leiterwagen. | **Anstatt** sich die Zeit zu nehmen, | jede Lage ordentlich **aufzuschichten,** | arbeitete er **rasend schnell,** | weil ein Gewitter im Anzug war. | Endlich war das Heu verladen, | jedoch zu **hoch getürmt** und schlecht verteilt. | Die Pferde zogen **schwer schnaufend** an, | doch sie brachten den Wagen nicht von der Stelle. |
Der Bauer wurde **fuchsteufelswild.** | Er schlug mit der Peitsche und stieß **bitterböse** Flüche aus. | Als das nichts half, | lockte er die **stocksteif dastehenden** Pferde | mit **zuckersüßer** Stimme. | Alles vergebens! |
Schon hörte man **minutenlanges** Gewittergrollen in der Ferne. |
Ein Grashüpfer, der oben auf dem Heu saß, | dachte bei sich: | „Den Pferden **zuliebe** will ich den Wagen verlassen | und ihn leichter machen.“ | **Daraufhin** sprang er hinab. | Tatsächlich wurde der Wagen jetzt **fortgezogen.** | **Höchst zufrieden** rief der Grashüpfer | dem **davonruckelnden** Gespann nach: | „Fahr nur fort! | Den Dank schenke ich dir, Bauer, | aber denke dran, wer dir hier geholfen hat!“ ||

158 Wörter

Klasse 9/10

128 Das Sternbild Zwillinge

Sofern in kalten Winternächten der Himmel wolkenlos ist, | kann man leicht das Sternbild der Zwillinge **ausmachen**. | Die nordöstlichen Eckpunkte des **lang gestreckten*** Rechtecks | bilden die **hell leuchtenden**** Sterne Pollux und Kastor. |
Diese beiden waren der Sage nach unzertrennliche Zwillingsbrüder, | die miteinander viele Abenteuer bestanden. | **Infolge** seiner göttlichen Abstammung war Pollux unsterblich, | **wohingegen** Kastor von einem menschlichen Vater **abstammte** | und deshalb sterblich war. | **Irgendwann** kam Kastor bei einem Kampf ums Leben, | worüber sein Bruder Pollux vor Kummer | **irrezuwerden** drohte. | Schließlich bat er Zeus inständig, | ihn ebenfalls sterben zu lassen, | damit er Kastor **nachfolgen** könne. | Das rührte Zeus so sehr, | dass er die Brüder **wieder zusammenführte** | und sie **fortan** abwechselnd einen Tag im Totenreich | und einen Tag im Götterhimmel **zubringen** durften. ||

122 Wörter

** Auch möglich: langgestreckten*
*** Auch möglich: hellleuchtenden*

129 Planvolles Kofferpacken

Wenn ich verreise, habe ich meistens **zu viele** Sachen eingepackt. | Dabei versuche ich **jedes Mal**(,) | **so wenig** wie möglich **mitzunehmen**. | Doch **ohne dass** ich es will, | ist der Koffer wieder **übervoll**. | Ich weiß **gar nicht**, wie ich das immer schaffe. | Aber man kann ja auch nicht **voraussehen**, | wie das Wetter wird. | **Demzufolge** packt man schon mal | Kleidung für warme und für kalte Tage ein. | Außerdem könnte es auch regnen. | Vielleicht gibt es sogar eine Gelegenheit, | sich mal festlich **rauszuputzen**. | Und dann steht man mit seinem **superschweren** Koffer | vor der defekten Bahnhofsrolltreppe | und kann ihn **zu Fuß hochschleppen**. |
Infolge dieser Erfahrung habe ich nun | in einer Checkliste **zusammengestellt**, | was unbedingt **mitgenommen** werden muss | und was **zur Not zu Hause*** bleiben kann. | Jetzt packe ich meine Sachen **anhand** dieser Liste. | Beim letzten Mal ging der Koffer schon besser zu. ||

139 Wörter

**Auch möglich: zuhause*

130 Die ersten Stewardessen

Heutzutage können sich Fluggäste **gar nicht vorstellen,** | wie es an Bord eines Flugzeugs | ohne die Dienstleistungen | von **wohlgelaunten*** Stewardessen **zugehen** könnte. | Doch als im Mai 1930 | in der **Acht-Uhr-Maschine** von Oakland nach Chicago | die erste Stewardess **auftauchte,** | waren dem hitzige **Auseinandersetzungen vorausgegangen.** | Nicht nur Piloten und männliche Flugbegleiter | widersetzten sich lange dieser Idee. | **Anstatt** ihre Geschlechtsgenossinnen zu unterstützen, | protestierten sogar die Ehefrauen der Piloten, | **letztendlich** aber vergebens. |
Die abgeschlossene Ausbildung zur Krankenschwester, |die Stewardessen damals **vorweisen** mussten, | war an Bord oft **von Nutzen.** | Hinzu kam die beruhigende Wirkung auf **überängstliche** Passagiere. | **Zur Zeit** der Anfänge mussten sie auch noch dabei **mithelfen,** | das Gepäck zu verstauen, | die Maschine **vollzutanken** | und sie in den Hangar zu schieben. | Diese körperlichen Tätigkeiten sind sicher nicht allen Damen **leichtgefallen.** | Jedenfalls dauerte es nicht lange, | bis sich weibliche Helfer bei allen Fluggesellschaften **durchsetzten.** ||

140 Wörter

** Auch möglich: wohl gelaunten*

131 Unterschätzte Rohstoffquelle

MP3-Player, Fotoapparate, Wecker, | Taschenrechner, tragbare Radios – | in all diesen Geräten stecken Batterien, | die auf chemischer Basis Strom erzeugen. | Bei den **hierzulande*** verkauften Batterien | ist der Anteil **hochgiftiger** und **umweltschädlicher** Substanzen | inzwischen gering, | sie enthalten aber wertvolle Rohstoffe, | die sich **wiedergewinnen** lassen. |
Dass Batterien im Hausmüll verboten sind, | ist allgemein bekannt. | Dennoch haben Untersuchungen gezeigt, | dass von den verkauften Batterien | nur etwa ein Drittel **getrennt gesammelt** wird. | Dabei muss man gar nicht extra zur **Sondermülldeponie,** | um Batterien und Akkus wieder **loszuwerden.** | Dort(,) wo man sie kaufen kann, | also beim Elektrohändler, | beim **Unterhaltungselektronik-Anbieter****, | aber auch in Supermärkten | stehen spezielle **Rücknahmebehälter.** | Altbatterien sollte man darum immer in einer Schachtel sammeln | und von Zeit zu Zeit in einer solchen **Rücknahmebox** entsorgen. | In **Sortierzentren** werden sie dann getrennt | und je nach Machart **nutzbringend weiterverwertet.** | Verbleibende Reste werden als Sondermüll behandelt. | Wurde eine Batterie also erst einmal dort **zurückgegeben,** | wo sie **hingehört,** | lässt sich noch einiges aus ihr **herausholen.** ||

155 Wörter

** Auch möglich: hier zu Lande*
*** Auch möglich: Unterhaltungselektronikanbieter*

132 April, April!

Am 1. April heißt es wachsam sein, | damit man nicht von **irgendjemandem** in den April geschickt wird. | Mit **frei erfundenen** Geschichten oder falschen Informationen | werden **leichtgläubige** Mitmenschen **hereingelegt**. | Wird der Schwindel dann **aufgedeckt**, | sollte man einfach **mitlachen, anstatt** sich zu ärgern! |
Auch Zeitungen, Radio- oder Fernsehsender | lassen sich **bisweilen** Aprilscherze einfallen, | mit denen sie ihre Leser oder Hörer **irreführen**. |
Der britische Fernsehsender BBC brachte beispielsweise | einmal einen **dreiminütigen** Beitrag | über eine **Spaghetti-Ernte*** in der Schweiz. | Ein andermal berichteten sie **brandaktuell** von fliegenden Pinguinen. | Auf der Internetseite der Tagesschau | konnte der überraschte Leser erfahren, | dass die **Erkennungsmelodie** der Sendung | zukünftig nicht mehr live von einem Orchester gespielt werde. | Allerdings werde der traditionelle Gong | weiterhin **von Hand** geschlagen. |
Woher dieser **weitverbreitete**** Brauch ursprünglich stammt, | lässt sich nicht mehr **zurückverfolgen**. | Auch das **schnell wechselnde** Aprilwetter, | auf das **gar kein** Verlass ist, | wird als Erklärung herangezogen. | Da kann es morgens noch **bitterkalt** sein(,) | und am Nachmittag herrscht **feuchtwarme** Schwüle. ||

157 Wörter

* *Auch möglich: Spagetti-Ernte und Spagettiernte*
** *Auch möglich: weit verbreitete*

12 Fremdwörter

Klasse 7/8

133 Moderne Welt der Medien

Vor fünfundzwanzig Jahren | besaßen die meisten Haushalte | zwar seit Jahrzehnten Fernsehgeräte, | **Radioapparate** und **Kassettenrekorder***, | doch der **CD-Player** war noch **relativ** neu | und begann gerade erst den Schallplattenspieler zu ersetzen. |
Die ersten **Computer** kamen damals fast nur in Firmen zum Einsatz. | Büchereien und andere Verwaltungsstellen arbeiteten | oft noch mit **Karteikartensystemen**. | Briefe und **Formulare** wurden mit der Schreibmaschine bearbeitet. |
Teenager waren die Ersten, | die einen **PC privat** nutzten. | Einfache Spiele mit **simplen Grafiken**** begeisterten damals die jugendlichen Nutzer. | Heute ist ein Leben ohne **Notebook**, | **Handy, Digitalkamera** und **DVD-Player** | auch für viele ältere Leute nicht mehr vorstellbar. | Durch ihre **praktischen** Einsatzmöglichkeiten | unterstützen sie die **Flexibilität** | und **Mobilität** der Menschen. | **Internetforen** und **E-Mail-Kontakte** bieten eine neue | und **anonyme** Art der **Kommunikation**. ||

121 Wörter

* *Auch möglich: Kassettenrecorder*
** *Auch möglich: Graphiken*

134 Ein Rezept für Gourmets

Du brauchst einen Viertelliter starken gesüßten **Espresso**. | Lass ihn auskühlen. |
Trenne zwei frische Eier, | schlage das Eiklar mit dem **Quirl** steif | und stelle es in den Kühlschrank. | Das Eigelb rührst du mit 80 Gramm Kristallzucker so lange, | bis eine weißlich-schaumige Masse entsteht. |
Verrühre nun mit dem Schneebesen 125 Gramm **Mascarpone**, | ersatzweise Speisequark oder Frischkäse, | vorsichtig mit der Eigelb-Zucker-Masse. | Danach ziehst du den Eischnee unter. |
Lege den Boden einer niedrigen rechteckigen **Kasserolle** | oder Glasform mit **Löffelbiskuits** aus. | **Eventuell** musst du die **Biskuitkekse** dazu zerbrechen. |
Tränke die Kekse mit dem **Espresso** | und verteile eine Schicht Quarkcreme* darauf. |
Wiederhole die Reihenfolge Kekse, **Espresso**, Quark, | bis alles **komplett** aufgebraucht ist. | Am Ende bestreust du dein **Tiramisu** durch ein Sieb mit **Kakaopulver** | und stellst es bis zum **Servieren** kalt. ||

128 Wörter

* *Auch möglich: Quarkkrem(e)*

135 Tante Lydia

Wir hatten Tante Lydia zum **Picknick** eingeladen. | In regelmäßigem **Rhythmus** | unternehmen wir etwas mit der alten Dame. | Weil das Wetter so **stabil** blieb, | hatten wir an ein **rustikales Büfett*** gedacht, | das wir draußen auf einer Wiese aufbauen wollten. | Nele hat ihren berühmten **Rhabarber**kuchen | nach einem Rezept aus dem **Internet** gebacken. | Es sollte **Sandwiches** geben, | **Pastete, Omeletts** und Obst. | Wir hatten auch an **komfortable Campingstühle** gedacht. |
Tante Lydia hatte sich am **Telefon** allerdings nur **vage** geäußert. | Ihr **Rheuma** mache ihr zu schaffen, | aber sie habe sich den **Termin notiert**. | So **formulierte** sie es. | Dabei ist sie sonst recht **aktiv** und **agil**. |
Nun, wir mussten es **akzeptieren** | und hatten gerade alles **komplett** angerichtet, | als von ferne ein Motorroller zu hören war. | Tatsächlich stieg kurz danach Tante Lydia von ihrer **Maschine**. | Sie habe sich ein neues **Hobby** zugelegt, | erklärte sie uns lachend. | Da konnten wir nur noch **gratulieren**! ||

147 Wörter

** Auch möglich: Buffet*

136 Richtig bewerben

Pünktlichkeit, Verantwortungsbewusstsein und **Engagement** | setzen vermutlich alle Arbeitgeber voraus. | Auch der gute Eindruck der schriftlichen Bewerbung | ist überall entscheidend: | Alle geforderten Formalitäten müssen **termingerecht** | und **korrekt** erfüllt sein. | Die eigenen **Qualifikationen** | sollten den Anforderungen des Berufsfeldes entsprechen | und angemessen **präsentiert** werden. |
Im Dienstleistungsgewerbe sollte man ein sicheres Auftreten | und ein ordentliches Erscheinungsbild haben, | **kontaktfreudig** sein und auf Menschen zugehen können. | Technische Berufe erfordern vor allem **Sachkompetenz**, | sauberes und **präzises** Arbeiten, | **praktische** Fähigkeiten und **logisches** Verständnis. | Bevor man sich für eine berufliche Richtung entscheidet, | gilt es deshalb, neben den eigenen **Interessen** | auch seine **speziellen** Stärken zu **analysieren**. |
Durch gründliche **Information** im **Internet**, | bei der **Bundesagentur** für Arbeit | oder in den **Berufsinformationszentren** | lässt sich herausfinden, | worauf es in einem Beruf ankommt | und welche Firmen Ausbildungsplätze anbieten. | Eine andere Bewerbungs**strategie** ist es, | sich aus eigener **Initiative** bei einer **interessanten** Firma vorzustellen | und die **Chefs** von den eigenen **Qualitäten** zu überzeugen. ||

149 Wörter

137 Ein Fest der besonderen Art

Schon in der **Antike**, | im Jahr 776 vor Christus, | fanden in Griechenland zu Ehren des Zeus | die ersten **Olympischen** Spiele statt. | Heute werden sie alle vier Jahre | an einem anderen Ort abgehalten. | Die Spiele sollen ein Vorbild für das friedliche Zusammenleben | aller Völker der ganzen Welt sein. | Die fünf Ringe stehen dabei für die Verbundenheit | und **Solidarität** der **Kontinente**. | Bei vielen **Leichtathletik**veranstaltungen(,) | wie dem **Marathonlauf**, | dem Stabhochsprung oder den Kurzstreckenläufen(,) | fiebern die Zuschauer begeistert | mit den **internationalen Athleten** mit. | Aber auch **Disziplinen** wie **Military**, | **Synchronschwimmen** oder **Triathlon** | gewinnen immer mehr **enthusiastische Fans**. | **Fairness** und **Teamgeist** stehen bei allen Sportlern | aber an oberster Stelle. | **Fair** kämpfen sie um die **Medaillen** | in Gold, Silber und Bronze. |

Leider gibt es aber trotzdem Sportler, | die durch **Pharmazeutika** ihre Leistungen **manipulieren**. | Aus diesem Grund werden **Dopingkontrollen** durchgeführt. | Dabei wird getestet, | ob die Teilnehmer vor den Wettbewerben | **Anabolika**, **Steroide** oder andere leistungssteigernde **Medikamente** | zu sich genommen haben. ||

156 Wörter

Klasse 9/10

138 Bernard, der Eisbär

Bernard, der Eisbär – | so heißt die Haupt**figur** einer **Serie** von **Animationsfilmen**, | die von einer koreanischen Firma seit 2004 | mit großem **internationalem** Erfolg **produziert** werden. | Bernard ist ein **sympathischer**, tollpatschiger Eisbär, | der in jeder **Episode** immer wieder in Schwierigkeiten gerät | und nie ohne **Blessuren** davonkommt. | Ob er **Baseball** spielen oder **joggen** will, | ob er im **Fitnessclub** auftaucht | oder auf einer **exotischen** Insel landet: | Es wird jedes Mal **chaotisch**. | Wie er sich aus diesen **Situationen** wieder befreit, | ohne viele Worte, aber mit sehr viel **Slapstick**, | das begeistert viele seiner **Fans**. | Die **Serie** wurde bereits für viele Auszeichnungen **nominiert** | und konnte so manche **Jury** überzeugen. ||

105 Wörter

139 Graffiti

Als **Graffiti** bezeichnet man Bilder oder Schriftzüge, | die mit **Farbspray** oder Filzstift | auf Wandflächen gesprüht oder gemalt werden. | **Speziell** Jugendliche sehen in ihnen | ein **zentrales** Ausdrucksmittel **urbanen** Lebensgefühls. | Allerdings gilt das **illegale** Aufbringen von **Graffiti** | als Sachbeschädigung und wird von vielen | als **Vandalismus** angesehen. | Es kann empfindliche **zivil-** und **strafrechtliche** Folgen haben. | Dennoch setzen vor allem Jungen oft ihren ganzen Ehrgeiz darein, | ihre Bilder mitsamt ihrer persönlichen **Signatur** | auf **attraktiven** öffentlichen Flächen zu hinterlassen. | Ob **Graffiti positiv** oder **negativ** bewertet werden, | hängt auch von der **Ästhetik** ab. | Die **Werbebranche** nutzt dieses Stilmittel häufig, | wenn es um Jugendprodukte geht. | Diese **legale kommerzielle** Verwendung stößt selten auf Widerspruch. ||

107 Wörter

140 So ein Fiasko!

Das Jahresabschluss**konzert** der Musikschule | fand in diesem Jahr im Stadt**theater** statt. | Als Letzte trat eine **Sopranistin** auf, | begleitet von einem **Pianisten**. | Dass dem kurz zuvor das **Sakko** geplatzt war, | fiel nicht weiter auf, | denn er konnte es noch schnell **provisorisch** reparieren. | Die Sängerin war übertrieben zurechtgemacht wie eine **Diva**, | doch das schien niemanden zu stören. | Jedenfalls bedachte sie das **Publikum** schon im Voraus mit überschwänglichem **Applaus**. | **Temperamentvoll** und in flottem **Rhythmus** begann die Sängerin ihren Vortrag. | Aber in der dritten **Strophe** blieb sie plötzlich hängen. | Im ganzen **Theater** herrschte knisternde Spannung. | Doch **souverän** spielte der **Pianist** das **Thema** noch einmal(,) | und die **Solistin** fand zurück in ihr Lied. | Sofort entspannte sich die **Atmosphäre**. | Aber nicht genug der Pannen, | im nächsten **Moment** war in der zweiten Reihe | ein irritierender Klingelton zu hören. | Dabei müsste doch jedem klar sein, | dass **Handys** bei **Konzerten** auszuschalten sind. | Alles in allem war der Auftritt reich an **Katastrophen**, | dennoch gab es stehende **Ovationen**. ||

160 Wörter

13 Schreibung von das und dass

Klasse 5/6

141 Das geheime Versteck

Das alte Haus, **das** neben der Schule steht, | ist schon lange unbewohnt. | Man erkennt **das** daran, | **dass** nie Licht brennt. | Eigentlich ist **das** Betreten des Hauses verboten. | Aber **das** ist uns egal, | schließlich ist **das** Haus nicht baufällig. | Solange es niemand bemerkt, | ist **das** oberste Zimmer unser Geheimversteck. | Dort spielen wir, | **dass das** Haus uns gehört. | Ihr dürft **das** aber niemandem verraten. | Sonst verbieten uns die Erwachsenen nur, | **dass** wir uns dort treffen. | **Das** wäre schade. ||

79 Wörter

142 Unser Eichhörnchen

Das Eichhörnchen, **das** in unserem Garten lebt, ist grau. | **Das** ist in Deutschland eher selten. | Normalerweise sind diese Nager bei uns | nämlich eher rot oder braun. | **Das** bedeutet aber nicht, | **dass** unser Eichhörnchen in England geboren ist, | wo die meisten seiner Rasse grau sind. | Ich glaube eher, **dass** seine Vorfahren | vor langer Zeit von dort gekommen sind. | Eigentlich ist **das** auch nicht so wichtig. | Ich finde jedenfalls, **dass** es **das** süßeste Eichhörnchen ist, | **das** ich kenne. ||

78 Wörter

143 Wer weiß das?

Die Verwechslung dieser beiden Wörtchen | gehört zu den häufigsten Rechtschreibfehlern im Deutschen. | **Das** liegt wohl daran, **dass** sie verschiedene Aufgaben haben | und darum unterschiedlich geschrieben werden, | dabei aber völlig gleich klingen. | Da kann man schon froh sein, | **dass** es wenigstens die Ersatzproben gibt: | **Das** eine Wort, um **das** es hier geht, | kann man ersetzen durch den unbestimmten Artikel „ein“ | oder durch die Pronomen „dieses“, „jenes“, „welches“. | Wie schreibt man **das** Wort? |
Anders **das** zweite, **das** sich durch kein anderes Wort ersetzen lässt. | Wie wird dieses Wort geschrieben? ||

90 Wörter

144 Segelpläne

Ein Paar wandert am Strand entlang: |

Mann: | „Siehst du, | **dass das** Schiff gerade seine Segel setzt?“ |

Frau: | „Meinst du **das** große, | **das** neben dem roten Motorboot | vor Anker liegt?“ |

Mann: | „Ja genau. | Ich glaube, | **dass** es zu einer langen Reise aufbricht.“ |

Frau: | „Ach, wäre **das** schön, | einmal über die Meere segeln zu können! | Meinst du, | **dass** ein Segelschein sehr teuer ist?“ |

Mann: | „Ich weiß nicht, | aber **das** lässt sich bestimmt herausfinden. | Glaubst du, | **dass** wir **das** schaffen könnten?“ |

Frau: | „Na klar, | wenn wir **das** gemeinsam in Angriff nehmen!“ |

Mann: | „Dann habe ich ja schon | **das** passende Geburtstagsgeschenk für dich. | **Das** wird bestimmt ein Spaß, | wenn wir beide **das** Segeln lernen.“ ||

111 Wörter

145 **Fußballerglück**

Dieses Wochenende fand **das** Fußballspiel | der Mannschaft von Niklas und Moritz | auswärts statt. Schon nach sieben Minuten | schoss Niklas **das** erste Tor. | Der Ball war drin. | Aber der Torwart behauptete, | **dass** der Fußball noch auf der Torlinie zum Liegen kam. | Moritz bezweifelte, | **dass das** stimmte. | Er glaubte, | **dass** Niklas eindeutig getroffen hatte. | Der Schiedsrichter dachte **das** auch(,) | und darum gab er zunächst **das** Tor. | Doch der Trainer der anderen Mannschaft protestierte | und behauptete, | **dass** der Ball eindeutig auf der Linie lag. | Dann beriet sich der Schiedsrichter | mit seinen Linienrichtern(,) | und sie beschlossen, | **dass** der Treffer zählte. |
Schließlich endete **das** Spiel unentschieden. | Moritz meinte: | „Glück gehabt, | **dass** dein Tor gegeben wurde, | sonst hätten wir verloren.“ ||

115 Wörter

146 **Die Schatzinsel**

Im Jahr 1883 veröffentlichte Robert Louis Stevenson | **das** Buch, **das** ihn später weltberühmt machte. | Es beschreibt **das** Abenteuer einer Schatzsuche, | **das** ein Junge namens Jim Hawkins | aus seiner Sicht erzählt. |
Das Gold, | **das** er gemeinsam mit Verbündeten suchen will, | liegt versteckt auf einer Insel. | Mit einem Segelschiff, | **das** Hispaniola heißt, | machen sie sich auf den Weg. | Während der Reise belauscht Jim, | **dass** Teile der Mannschaft vorhaben, | **das** Schiff in ihre Gewalt zu bringen. | **Das** soll aber erst geschehen, | wenn die Schatzsuche erfolgreich beendet ist. |
All **das** berichtet Jim dem Kapitän | und seinen Freunden. | Er erklärt, | **dass** er mit den Seeräubern | keine gemeinsame Sache machen will. |
Auf der Insel gerät Jim in Schwierigkeiten, | **sodass** er fliehen muss. |
Später finden sie tatsächlich | in einer Höhle **das** Gold, | **das** zwischen den Verbündeten aufgeteilt wird. | Jim ist froh, | **dass** er mit dem Gold | seine Ausbildung bezahlen kann. ||

145 Wörter

Klasse 7/8

147 Ein Gespräch auf der Straße

„Entschuldigen Sie bitte. | Aber ich muss Sie **das** jetzt fragen. | Kann es sein, **dass** wir uns schon einmal begegnet sind?“ |
„Nein. **Das** glaube ich kaum. | **Das** muss ein Missverständnis sein.“ |
„Aber ich bin mir sicher, | **dass** ich Sie schon einmal gesehen habe. | Ist es möglich, **dass** Sie auch auf dem Fest waren, | **das** die Müllers letztes Jahr gegeben haben?“ |
„**Das** Gartenfest? | Ja, **das** kann allerdings sein. | **Das** waren aber auch viele Gäste. | Kein Wunder, **dass** ich mich nicht sofort an Sie erinnert habe.“ |
„Aber **das** macht doch nichts. | Möchten Sie **das** Gespräch bei einer Tasse Tee fortsetzen?“ „Gerne.“ ||

103 Wörter

148 Bruchrechnen

Liebe Eltern, |
es kann sein, **dass** ich heute Abend | etwas später nach Hause* komme. | **Das** liegt daran, | **dass** ich dringend zu Theo muss, | damit er mir **das** Bruchrechnen erklärt. | Ihr wisst ja, | **dass** ich morgen eine Mathearbeit schreibe. | **Das** bereitet mir seit drei Tagen Kopfzerbrechen. | Ist **das** eigentlich normal, | **dass** man sich mit solchen Dingen herumquälen muss? | **Das** brauche ich später bestimmt nie wieder, | auch wenn Mama immer **das** Gegenteil behauptet. | **Dass** Papa Bruchrechnen wichtig findet, | ist ja klar, schließlich muss er **das** als Mathelehrer. | Allerdings finde ich, | **dass** Ihr** trotzdem etwas mehr Geduld | oder wenigstens Mitleid mit mir haben könntet. | Ich hoffe, **dass** Ihr** mir | **das** mathematische Unverständnis verzeiht | und mir morgen die Daumen drückt. |
Euer Sohn ||

119 Wörter

* *Auch möglich: nachhause*
** *Die Anredepronomen im Brief können auch kleingeschrieben werden.*

149 Reiten lernen

Viele Jugendliche möchten gern reiten können. | **Das** gelingt am besten, | wenn man Unterricht nimmt. | Es ist wichtig, **dass** du dir einen geeigneten Reitstall aussuchst. | Schau dir dort die Schulpferde, | **das** sind die Pferde, die für die Reitschüler | zur Verfügung stehen, genau an. | Sie sollten gesund und gepflegt aussehen. | **Dass** du auch einen guten Reitlehrer brauchst, ist klar. | Es kommt darauf an, | **dass** er mit dem Pferd, | aber auch mit seinen Schülern gut umgehen kann. | In den meisten Reitställen hat man nichts dagegen, | **dass** du mal beim Unterricht zusiehst. | **Das** ist **das** Beste, | wenn du dir einen Eindruck verschaffen willst. | **Dass das** Reitenlernen nicht ganz billig ist, | wirst du wohl wissen. | Wenn **das** für deine Eltern ein Problem ist, | schlag ihnen doch vor, | **dass** du etwas dazuverdienst. ||

128 Wörter

150 Schwalben

Laura erzählt Marie, | **dass** Schwalben nur bei schönem Wetter | hoch am Himmel fliegen. | Aber Marie bezweifelt, | **dass das** auch tatsächlich stimmt. | Also schaut sie in ihren Büchern nach. | Tatsächlich steht darin, | **dass** die Schwalben Insekten fangen | und diese bei unterschiedlicher Witterung hoch oder tief fliegen. | Marie will wissen, | warum **das** so ist, und sucht weiter. | Sie liest, | **dass** bei sonnigem Hochdruckwetter warme Luft nach oben steigt. | Mit dieser Warmluft werden auch die leichten Mücken | und Käfer nach oben gehoben. |

Je höher **das** Thermometer klettert | und je sonniger der Tag ist, | umso höher müssen die Schwalben fliegen, | um an ihr Futter zu gelangen. | Kaum zu glauben, | **dass** schon eine etwas geringere Sonneneinstrahlung | **das** Aufsteigen der Luft und somit der Insekten bremst. | Ist **das** Wetter schlecht, | müssen die Räuber ihre Beute knapp über dem Boden jagen. | Der vorherrschende Tiefdruck verhindert, | **dass** die Insekten sich in großen Höhen aufhalten. ||

147 Wörter

151 Einbruch im Museum

Gestern Nacht wurde in **das** Kunstmuseum eingebrochen. | Die Polizei vermutet, | **dass** es mehrere Diebe waren, | denn es ist nicht möglich, | **das** riesige Bild alleine aus dem Museum zu tragen. | Jetzt untersucht **das** Team der Spurensicherung die Stelle, | an der **das** Bild hing. | Der Nachtwächter bestätigte, | **dass das** Bild um Mitternacht noch an seinem Platz war. | **Das** sei die Zeit gewesen, | zu der er seinen letzten Rundgang gemacht habe. | Fußspuren zeigen, **dass** die Täter den Weg über den Aufzug genommen haben. | Sie kamen durch ein Fenster im ersten Stock, | **das** am Abend noch offen stand*. |

Es wird vermutet, | **dass** die Räuber einen weiteren Komplizen hatten, | der mit einem Lieferwagen | in der Nähe des Gebäudes wartete. | Trotzdem ist noch unklar, | wie **das** Gemälde von der Wand entfernt werden konnte, | ohne **dass** die Alarmanlage anging. | Die Polizei hofft jetzt, | **dass** Einwohner der umliegenden Gebäude | **das** verdächtige Fahrzeug oder die Täter beobachtet haben. ||

152 Wörter

* *Auch möglich: offenstand*

152 Neujahrsschwimmen am Kleefelder See

Mitglieder der Deutschen Lebensrettungsgesellschaft und andere Mutige | begrüßten gestern **das** neue Jahr auf besondere Weise. | Insgesamt sorgten 24 Schwimmerinnen und Schwimmer dafür, | **dass** den mehr als 300 Zuschauern ein Schauer über den Rücken lief. | **Das** Wetter der letzten Tage, | **das** in diesem Jahr besonders kalt war, | hatte den See zufrieren lassen. | „Ich schätze, **das** Eis ist zehn Zentimeter dick“, | gab DLRG-Mitarbeiter Müller bekannt. | Darum hackten Freiwillige erst einmal ein großes Loch in **das** Eis. |

Dann nahm **das** Badevergnügen seinen Lauf. | Nur mit Badehose oder Badeanzug bekleidet(,) | stürzten sich die Wasserratten in **das** kalte Nass, | tauchten **das** ein oder andere Mal mit dem Körper unter | und waren froh, | **dass** helfende Hände sie nach wenigen Minuten wieder herauszogen. | „Mein Gott, war **das** kalt!“, | fand eine Teilnehmerin. | Doch heiße Getränke und Bratwürste sorgten dafür, | **dass** allen schnell wieder warm wurde. | **Das** neue Jahr mit diesem frostigen Brauch zu begrüßen(,) | ist in vielen Ländern üblich. | **Dass** die Zuschauer viel Beifall spenden, sicher auch. ||

163 Wörter

Klasse 9/10

153 Mehr Kabeljau

Die Fischereiminister der Europäischen Union gaben heute bekannt, | **dass** sie sich auf neue Fangquoten für Kabeljau | und andere Fischarten geeinigt haben. | **Das** bedeutet für die Nordseefischer, | **dass** sie im kommenden Jahr | ein Drittel mehr Kabeljau fangen dürfen. |

Die Fischereiexpertin vom WWF Deutschland kritisierte **das** scharf. | Sie meinte, **dass** sich der Bestand des Kabeljaus | in der Nordsee zwar leicht erholt habe, | aber **dass** er nach wie vor gefährdet sei. |

Auch **das** Verhalten vieler Fischer, | die wertvolle Speisefische tot wieder über Bord werfen, | weil sie dafür keine Fangerlaubnis haben, | trüge dazu bei. | Pro Jahr summiere sich **das** auf Millionen Tonnen Fisch. | **Das** sei ein Skandal! |

Die EU-Staaten hoffen nun, | **dass** der Einsatz von verbesserten Netzen mit Fluchtfenstern | für bestimmte Arten zumindest dabei hilft, | **das** Problem zu verringern. ||

127 Wörter

154 Das Gebiss gesund erhalten

Dass jeder seine Zähne bis ins hohe Alter gesund erhalten kann, | **das** hat sich hoffentlich herumgesprochen. | Wer die folgenden Tipps beherzigt, | kann **das** ohne Weiteres* schaffen. |

Das Wichtigste ist **das** regelmäßige Putzen, | mindestens morgens und abends für jeweils drei Minuten. | Achten Sie aber darauf, | **dass** Sie nicht kurz vorher etwas Saures | gegessen oder getrunken haben, | weil **das** Putzen sonst Ihren Zahnschmelz angreifen kann. | Vielen fällt **das** Hantieren mit Zahnseide nicht leicht, | aber damit reinigen Sie die Zahnzwischenräume am besten. | Welche weiteren Hilfsmittel es dafür gibt, | **das** kann Ihnen Ihr Arzt oder Apotheker sicher sagen. |

Dass eine zuckerhaltige Ernährung Karies begünstigt, | wissen Sie sicher längst. | Besonders gilt **das** für Kinder, | da ihr Zahnschmelz noch weich ist. |

Wer nun noch regelmäßig zum Zahnarzt geht, | hat gute Chancen, | **dass** seine Zähne lange gesund bleiben. ||

135 Wörter

** Auch möglich: ohne weiteres*

155 Horoskop

Für deine schulische Situation stehen die kosmischen Zeichen | in der nächsten Zeit auf Erfolg. | Du profitierst davon, | **dass** du engagiert bei der Sache bist. | Pass aber auf, **dass** dein Ehrgeiz nicht in blinden Eifer ausartet. | **Das** bringt dich nicht weiter. | Bleib schön gelassen und freu dich über **das**, | was du erreichst. | Sieh lieber zu, **dass** du deine Aufgaben zügig erledigst, | denn **das** kommt deiner Freizeit zugute. | Sollte es zu kleineren Durchhängern kommen, | bieten sich vergnügliche Aktivitäten an. | Sie bewirken schnell, | **dass** du wieder optimistisch in die Welt blickst. |
Dank des positiven Jupitereinflusses | tut sich jetzt auch in Sachen Liebe einiges. | Es besteht also kein Grund, | **dass** du dich emotional bedeckt hältst. | Da Amor aber etwas träge ist, | solltest du darauf achten, **dass** du ein bisschen aktiver wirst. | Sorge einfach für genügend gesellige Abwechslung, | **sodass*** etwas Schwung in **das** Geschehen kommt. ||

141 Wörter

** Auch möglich: so dass*

156 Rätselhaftes Aussterben

Das Rätsel, warum die Dinosaurier ausstarben, | ist bis heute nicht geklärt. | Einig sind sich die meisten Forscher lediglich darüber, | **dass** einschneidende Klimaveränderungen hierfür verantwortlich sind. | Doch was führte diesen Klimawandel herbei? | Ein über 200 Kilometer breiter Krater | unter der Küste des Golfs von Mexiko | deutet darauf hin, | **dass** hier ungefähr zur Zeit des Massenaussterbens | vor etwa 65 Millionen Jahren | ein gewaltiger Meteorit eingeschlagen ist. | Er muss eine Flutwelle um die ganze Erde ausgelöst | und gewaltige Mengen Staub in die Atmosphäre geschleudert haben, | **sodass*** es über mehrere Jahre zu einer Abkühlung der Erde kam. |
Viele Forscher nehmen an, | **dass** dies **das** Ereignis war, | **das das** Klima nachhaltig veränderte. | Es gibt jedoch ebenfalls Anzeichen dafür, | **dass** es sich durch lang anhaltende** Vulkanausbrüche wandelte. | **Das** Aussterben der Dinosaurier, | **das** dieser Klimawandel nach sich zog, | kann aber auch mehrere Ursachen gehabt haben, | **das** jedenfalls ist heute die Auffassung der meisten Wissenschaftler. ||

149 Wörter

** Auch möglich: so dass*
*** Auch möglich: langanhaltende*

14 Zeichen der wörtlichen Rede

Klasse 5/6

157 Das Schwein auf dem Eis

Eines Tages im kalten Winter | kam die Ente beim Schwein vorbei | und fragte: | „Kommst du mit zum Weiher? | Wir wollen eislaufen.“ |
„Nein“, entgegnete das Schwein, | „das ist mir zu kalt.“ |
„Aber Eislaufen macht großen Spaß“, | drängelte die Ente. | Das Schwein wackelte mit den Ohren | und grunzte: | „Ich habe noch nie auf dem Eis gestanden.“ |
„Na, komm schon“, | sagte die Ente, | „ich zeige es dir.“ | Dann liefen beide zum See. | Dort schubste die Ente das Schwein | mit aller Kraft an, | bis es über das Eis rutschte. | Das Schwein jubelte: | „Juhu, ich kann eislaufen!“, | und schon fiel es auf seine rosa Schnauze. ||

(Hier die Satzzeichen zur wörtlichen Rede nicht mitdiktieren)

105 Wörter

158 Ein guter Platz

Peter und Marie möchten gemeinsam ausgehen. | „Was hältst du von einem Kinobesuch?“, | fragt Peter. | Marie ist unentschlossen: | „Der Film soll gut sein. | Aber im Arena-Kino | sind die Plätze so unbequem(,) | und man sieht dort immer nur | den Kopf des Vordermanns.“ |
„So schlimm wird es schon nicht sein“, | versucht Peter sie zu überzeugen. | „Ich spendiere auch eine Portion Popcorn.“ | Marie willigt ein. | „Sitzt du auch bequem?“, | fragt Peter, | als sie im Kino Platz genommen haben. | „Ja“, flüstert Marie. | „Kannst du auch gut sehen?“, | möchte Peter wissen. | „Ja, es ist viel besser, | als ich dachte“, | antwortet Marie. | „Prima“, sagt Peter, | „dann lass uns die Plätze tauschen.“ ||

(Hier die Satzzeichen zur wörtlichen Rede nicht mitdiktieren)

107 Wörter

159 Haben Sie Brot?

Ein Mann kommt zur Post, | stellt sich an den Tresen | und fragt den Postbeamten: | „Haben Sie Brot?“ | „Nein“, antwortet der Beamte erstaunt. | Doch der Mann fragt erneut: | „Haben Sie Brot?“ | Wieder antwortet der Beamte: | „Nein, wir haben kein Brot.“ | Der Mann nickt kurz | und stellt wieder seine Frage: | „Haben Sie Brot?“ | „Ich sagte doch ganz deutlich“, | entgegnet der Postbeamte ein wenig lauter, | „dass wir kein Brot haben!“ | So geht es eine Weile hin und her. | Schließlich droht der Beamte: | „Wenn Sie noch einmal nach Brot fragen, | nagle ich Ihre Krawatte an die Theke!“ | „Haben Sie Nägel?“, fragt der Mann. | „Nein“, sagt der Beamte. | „Haben Sie Brot?“, | will der Mann daraufhin wissen. ||

(Hier die Satzzeichen zur wörtlichen Rede nicht mitdiktieren)

114 Wörter

Klasse 7/8

160 Beim Friseur

Ein Mann kommt mit einem kleinen Jungen zum Friseur. | **„**Was darf es sein, mein Herr**?“**, | fragt der Friseur. **„**Ich möchte mir den Bart stutzen lassen**“**, antwortet der Mann**,** | **„**und dann brauchen wir noch einen Kinderhaarschnitt.**“** | **„**Aber natürlich, mein Herr**“**, flötet der Friseur**,** | **„**bitte setzen Sie sich.**“** | Er rasiert seinen Kunden mit äußerster Sorgfalt. | Als er fertig ist, erkundigt er sich**:** | **„**Sind Sie zufrieden, mein Herr**?“** | **„**Vollkommen zufrieden**“**, versichert dieser. | **„**Solange Sie dem Jungen die Haare schneiden, | werde ich schnell noch eine Besorgung machen**“**, | sagt der Mann und geht. | Der Friseur wäscht und schneidet dem Jungen die Haare. | Während er die Haare föhnt, sagt der Friseur**:** | **„**Dein Vater ist immer noch nicht zurück. | Er hat dich wohl hier vergessen**?“** | Der Junge grinst**: „**Das war nicht mein Vater. | Ich habe ihn auf der Straße getroffen. | Er hat gefragt, ob ich einen kostenlosen Haarschnitt will.**“** ||

(Hier die Satzzeichen zur wörtlichen Rede nicht mitdiktieren)

144 Wörter

161 Schlechte Laune

Als Lars nach Hause* kommt, | hat er furchtbar schlechte Laune. | **„**Diese blöde Müller**!“**, wettert er | und schleudert die Schultasche in die Ecke. |
„Na, was ist das denn für eine Begrüßung**?“**, | wundert sich Frau Becker. |
„Die weiß ja selbst manchmal nicht, | wie was geschrieben wird**“**, meutert Lars weiter. |
Besorgt fragt seine Mutter nach**:** | **„**Habt ihr den Deutschtest zurückbekommen**?“**, und runzelt die Stirn. |
„Ja, aber ich möchte darüber jetzt nicht reden**“**, mault Lars | und will in sein Zimmer verschwinden. |
Frau Becker lässt nicht locker**: „**Es bringt doch nichts, | wenn du dich damit jetzt verkriechst**“**, | versucht sie ihren Sohn zu besänftigen. |
„Die Lehrer wissen ja oft auch nicht, | welche Schreibweise denn jetzt erlaubt ist. | Aber wir, wir sollen das natürlich alles wissen**“**, beklagt sich Lars. |
„Vielleicht sollten sie euch erlauben, | bei Arbeiten das Wörterbuch zu benutzen**“**, überlegt Frau Becker**,** | **„**schließlich will der Umgang damit ja auch gelernt sein.**“** ||

(Hier die Satzzeichen zur wörtlichen Rede nicht mitdiktieren)

147 Wörter

* *Auch möglich: nachhause*

162 Gespräch mit einem Fußballprofi

Während der Weltmeisterschaft | war in einer Sportsendung | folgendes Interview zu hören.
Ein Reporter fragt besorgt**:** | „Sie haben sich im Spiel in den letzten Minuten verletzt. | Ist es eine schlimme Verletzung**?“** | „Ja“**,** antwortet der Stürmer**,** | „leider ist das Kreuzband gerissen. | Ich werde in diesem Turnier nicht mehr antreten können**.“** | „Dann kann man Ihnen nur gute Besserung wünschen“**,** | entgegnet der Reporter. |
Er fragt weiter**:** | „Wie fanden Sie die Abwehr der gegnerischen Mannschaft? | Ich hatte den Eindruck, | Sie konnten dem Libero nichts entgegensetzen**.“** | „Ja, verdammter Mist**!“,** seufzt der Fußballer. | „Ich hatte wirklich große Probleme dabei, | mich auf ihn zu konzentrieren. | Aber als wir unsere Strategie geändert hatten, | lief es deutlich besser**.“** | „Darum ist Ihre Mannschaft ja verdient | als Sieger vom Platz gelaufen. | Eine großartige Leistung**!“,** | lobt der Fernsehsprecher. | Er stellt noch eine letzte Frage**:** | „Wer wird wohl den Kampf um die Weltmeisterschaft gewinnen**?“** | „Der Beste“**,** antwortet der Profi | und verschwindet humpelnd in der Kabine. ||

(Hier die Satzzeichen zur wörtlichen Rede nicht mitdiktieren)

155 Wörter

Klasse 9/10

163 Wer zuletzt lacht ...

Der junge Lehrer tritt am Montagmorgen vor die Klasse. | „Ich stelle euch jetzt jeden Montag eine Frage**“,** sagt er. | „Wer sie beantworten kann**“,** fügt er hinzu**,** | „braucht für drei Tage nicht zur Schule zu kommen.**“** |
Beim ersten Mal stellt er diese Frage**:** | „Wie viel Liter Wasser enthält das Mittelmeer**?“** |
Keiner kann die Frage beantworten. |
Am folgenden Montag sind alle gespannt. | „Wie viele Sandkörner kann man in der Sahara finden**?“,** will der Lehrer wissen. | Keiner weiß die Antwort. |
Am dritten Montag legt Paul ein 50-Cent-Stück auf das Pult, bevor der Lehrer da ist. | Als der hereinkommt, entdeckt er das Geldstück | und fragt**:** „Wem gehört diese Münze**?“** |
„Mir**!“,** ruft Paul. | Schnell rennt er nach vorne und nimmt sich die Münze. | „Tschüss*“**,** sagt er schmunzelnd**,** „wir sehen uns dann am Donnerstag wieder**“,** | und schon ist er verschwunden. ||

(Hier die Satzzeichen zur wörtlichen Rede nicht mitdiktieren)

138 Wörter

* *Auch möglich: Tschüs*

164 Die Eiche und die Eintagsfliege

Da stand einmal im Wald eine alte Eiche, | die gerade dreihundertfünfundsechzig Jahre zählte. | Um ihre Krone tanzte eine Eintagsfliege | und ruhte sich ab und zu auf einem Eichenblatt aus. | Da sagte der Baum**:** „Du armes kleines Wesen! | Nur einen Augenblick währt dein ganzes Leben. Das ist traurig**!“** |
„Traurig**“,** fragte die Eintagsfliege**,** „was meinst du damit? | Alles ist doch hell, warm und herrlich(,) und ich bin so froh**!“** |
„Aber nur einen Tag, dann ist alles vorbei**!“** |
„Vorbei**?“,** wunderte sich die Eintagsfliege. | „Was ist vorbei? Bist du auch vorbei**?“** |
„Nein, ich lebe viele Tausende von deinen Tagen(,) | und mein Tag umfasst ganze Jahreszeiten. | Das ist etwas so Langes, dass du es gar nicht ausrechnen kannst.**“** |
„Das verstehe ich nicht**“,** antwortete die Fliege**,** | „du hast Tausende von meinen Tagen, aber ich habe Tausende von Augenblicken, | um darin froh und glücklich zu sein! | Hört alle Herrlichkeit dieser Welt auf, wenn du einmal stirbst**?“** |
„Nein**“,** sagte der Baum**,** „sie besteht sicher unendlich länger, | als ich denken kann**!“** |
„Aber dann haben wir ja gleich viel Lebenszeit, | nur dass wir verschieden rechnen.**“** |
Und die Eintagsfliege tanzte und schwang sich in die Luft empor. ||

(Nach Hans Christian Andersen, Der Traum der alten Eiche)

(Hier die Satzzeichen zur wörtlichen Rede nicht mitdiktieren)

191 Wörter

15 Kommasetzung

Klasse 5/6

165 An der Gepäckausgabe

Sicher sind dir am Flughafen | schon die langen, flachen und im Kreis verlaufenden Förderbänder aufgefallen. | Die angekommenen Fluggäste stehen davor | und suchen in der nicht enden wollenden Schlange | aus dicken oder dünnen, einfarbigen oder bunten | Koffern, Reisetaschen und Rucksäcken ihr Gepäck. | Manchmal kommt es vor, | dass einige Fluggäste ungeduldig | drängeln, schubsen, streiten oder sogar | Mitreisende beschimpfen. | Doch die meisten sind einfach froh, | zufrieden und erleichtert, | wenn sie ihr Gepäckstück sicher | und wohlbehalten in Empfang nehmen können. | Ab und zu kommt es vor, | dass ungewöhnliche Gepäckstücke vorüberziehen. | Es handelt sich hierbei um sperrige Kisten, Kartons, unförmige Gebilde | oder Tiertransportkisten, | die als Sperrgut aufgegeben worden sind. ||

(Kein Komma mitdiktieren)

107 Wörter

166 Unfall auf dem Pausenhof

Während wir gestern in der großen Pause im Schnee tobten, | passierte ein schlimmer Unfall. | Jan traf Mark mit einem Eisklumpen am Auge, | obwohl beide schon mehrmals an das Schneeballverbot | auf dem Pausenhof erinnert worden waren. | Auch wenn Jan es nicht wollte, | schickte ihn unser Klassenlehrer zum Arzt, | denn er meinte, | die Platzwunde müsste genäht werden. | Noch bevor Jan an der Reihe war, | wurde er im Wartezimmer ohnmächtig. | Der Arzt überwies ihn sofort ins Krankenhaus, | weil die Verletzung schlimmer war als gedacht. | Jan kam erst wieder zu sich, | als er in einem Krankenwagen mit Blaulicht | in die nächste Klinik fuhr. | Nachdem Jan untersucht worden war, | wurde er sofort in den Operationssaal geschoben. | Ob sein Augenlicht gerettet werden kann, | bleibt noch abzuwarten. ||

(Kein Komma mitdiktieren)

124 Wörter

167 Hilfe, ein Schnupfen!

Wenn die Nase läuft, man oft niesen muss | und es im Hals kratzt, | ist ein Schnupfen im Anmarsch. | Ausgelöst wird er meist durch Krankheitserreger, | die von Mensch zu Mensch übertragen werden. | Diese Erreger setzen sich in die Nasenschleimhaut | und bewirken, dass diese anschwillt | und eine wässrige, klare Flüssigkeit absondert. | Später wird dieser Ausfluss gelblich, die Nase verstopft | und man kann nur noch durch den Mund atmen. | Ein Schnupfen verläuft meist nach dieser Regel: | Drei Tage kommt er, drei Tage bleibt er, drei Tage geht er. | Dauert dein Schnupfen einmal länger, | solltest du aber zum Arzt gehen. | Das gilt auch, wenn du hohes Fieber bekommst | oder starke Schmerzen hast. | Viel trinken, heiße Dampfbäder und Ruhe | helfen am besten, | um den lästigen Schnupfen wieder loszuwerden. ||

(Kein Komma mitdiktieren)

126 Wörter

168 Akrobaten

Die Lichter gingen aus, | das Zirkuszelt lag im Dunkeln. | Da fiel ein Lichtkegel auf das Trapez. | Plötzlich erschien ein Akrobat, | kletterte sofort nach oben, | wartete einen Tusch von der Kapelle ab | und hing auch schon an der Trapezstange. |
Hoch oben in der Zirkuskuppel | flog er hin und her. | Von der anderen Seite | kam nun ein zweiter Akrobat, | sprang ebenfalls an ein Trapez | und flog dem ersten entgegen. | Mitten im Flug | wechselten dann beide die Stangen. | Immer wieder ging es hin und her, | mal zu zweit an einer Stange, | mal allein und sogar mit einem doppelten Salto. | Dann wurden dem ersten Akrobaten | die Augen verbunden(,) | und ein Trommelwirbel ertönte. | Die Zuschauer hielten den Atem an, | rührten sich nicht | und blickten gespannt auf das Paar. | Geschafft! | Auch mit Augenbinde | klappte der Wechsel zur anderen Stange. ||

(Kein Komma mitdiktieren)

134 Wörter

169 Schattentheater

Ein Schattentheater kann | einen langweiligen, verregneten Nachmittag retten. | Wenn du einige Vorarbeiten erledigt hast, | kann es bald losgehen. | Du brauchst einen dicken Karton, | zum Beispiel eine Gemüsekiste aus dem Supermarkt. | Aus dem Boden schneidest du | eine große, rechteckige Fläche aus, | die von innen mit Butterbrotpapier überklebt wird. | Stellst du diesen Karton nun aufrecht hin, sodass* der Boden | nach vorn zeigt, entsteht eine Bühne. | Die Figuren schneidest du aus Pappe aus | und klebst sie an einen dünnen, langen Stab. | Mit dem Stab kannst du die Figuren bewegen. | Eine starke Lampe wirft ihren Schein von hinten | so auf die Bühne, dass man die Umrisse der Figuren | als Schatten auf dem Butterbrotpapier sehen kann. | Die Zuschauer sitzen vor der Bühne, du stehst seitlich dahinter. | Suche ein kurzes Märchen aus, das du nachspielen möchtest. | Ein Freund, der dir beim Einstudieren hilft, | macht die Sache einfacher. | Viel Spaß! ||

(Kein Komma mitdiktieren)

144 Wörter

* *Auch möglich: so dass*

170 Urlaubsspiele basteln

Brettspiele kann man ganz leicht selbst erfinden, | weil sie oft ein einfaches Grundmuster haben: | Es gibt zum Beispiel | eine festgelegte Spielstrecke, auf der die Spielfiguren | bestimmte Aufgaben bewältigen müssen. |

Nehmen wir an, du willst nach einem Urlaub am Meer, | nach einer Rundreise durch ein Land oder nach einer Städtetour | ein persönliches Urlaubsspiel basteln. | Dann nimmst du einen großen Karton | und gestaltest darauf Straßen, Plätze und Bauwerke | des Ferienortes oder die Urlaubsroute als Spielweg. | Nun markierst du bestimmte Aufgabenfelder. | Zu denen denkst du dir | Fragen aus, die sich auf Sehenswürdigkeiten | oder Ereignisse beziehen. | Diese notierst du auf kleinen Karten, | die Antworten schreibst du auf die Rückseite. | Als Spielfiguren nimmst du zum Beispiel | kleine Steine, die du am Meer gesammelt hast. | Ach ja, jetzt fehlt noch ein Würfel(,) | und schon ist das Urlaubsspiel perfekt. | Kennst du dich mit einem Grafikprogramm* aus? | Dann kannst du so ein Spiel | auch am Computer gestalten | und anschließend ausdrucken. ||

(Kein Komma mitdiktieren)

154 Wörter

* *Auch möglich: Graphikprogramm*

Klasse 7/8

171 Verkehrschaos

Gestern fiel in unserer Kleinstadt, sie liegt in der Nähe von Hamburg, | für mehrere Stunden der Strom aus. | Im Supermarkt taute die ganze Tiefkühlware auf. | Meine Mutter, sie arbeitet dort als Verkäuferin, | brachte abends Berge an Lebensmitteln aus dem Kühlregal mit. | Selbst die Ampeln an der Kreuzung fielen aus, | sodass* der Verkehr zum Stillstand kam. | Mehrere Fahrer, sie haben wohl nicht aufgepasst, | stießen mit ihren Autos zusammen. | Ein rotes Fahrzeug hatte einen Totalschaden | und musste abgeschleppt werden. | Mein Vater, der in einem Bürohochhaus arbeitet, | blieb im Aufzug stecken und wurde erst nach einer halben Stunde befreit. |
Für mich erfreulich war, dass ich von all diesen Vorfällen nichts mitbekam, | da ich nachmittags auf dem Sportplatz beim Fußballspielen war. | Erst zu Hause** erfuhr ich davon. ||

(Kein Komma mitdiktieren)

124 Wörter

* *Auch möglich: so dass*
** *Auch möglich: zuhause*

172 Im Kino

Endlich war es wieder Wochenende. | Anja, Markus und Simone freuten sich schon auf ihren Kinobesuch. | Für ihre Eintrittskarten standen sie, | obwohl alle Kassen geöffnet waren, lange an. | Aber sie hatten Glück und setzten sich, | nachdem sie Popcorn und Eis gekauft hatten, auf ihre Sitzplätze. | Der Kinosaal, auch wenn er sich anfangs nur langsam füllte, | war schließlich bis auf den letzten Platz ausverkauft. | Dann ging das Licht aus. | Während der Werbung wurde, weil sich keiner dafür interessierte, | im ganzen Saal geredet. | Dann verstummten die Gespräche, | die Handlung zog die Zuschauer in ihren Bann. | Auch die drei, die den Film schon zum zweiten Mal sahen, | ließen sich in eine ferne Welt weitab unserer Gegenwart entführen. | Am Ende, sobald das Licht wieder anging, | rannten die beiden Mädchen zur Toilette. | Markus holte sich, während sie weg waren, | eine Kinozeitschrift und wartete. ||

(Kein Komma mitdiktieren)

139 Wörter

173 Das Wetter

Heute ist es nahe der polnischen Grenze | anfangs noch stärker bewölkt, | im Laufe des Tages heitert es aber immer weiter auf(,) | und es bleibt trocken. | In den übrigen Landesteilen | scheint nach Auflösung örtlicher Frühnebelfelder | wie gestern verbreitet die Sonne. | Gegen Abend können im Westen | allerdings einige Regenwolken aufziehen, | die leichten Sprühregen mit sich bringen. | Die Temperatur liegt bei 10 bis 12 Grad in der Lausitz, | sonst werden 13 bis 15 Grad erreicht. | In der Nacht ist es verbreitet noch klar, | im Westen werden die Wolken dichter(,) | und in den Morgenstunden | ist vereinzelt leichter Regen möglich. | Die Temperatur sinkt auf 6 Grad in Küstennähe | und bis -1 Grad im Süden des Landes. |

Am Mittwoch ist es teilweise etwas aufgelockert, | meist jedoch stark bewölkt(,) | und vor allem südlich des Mains | kann es zeitweise regnen. | Die Tageshöchstwerte erreichen 13 bis 16 Grad, | bei Regen maximal 10 Grad. ||

(Kein Komma mitdiktieren)

146 Wörter

174 Nichts als Sprüche

Wo wir sind, ist Chaos, | aber wir können nicht überall sein. |
Es gibt nichts zu tun, fangt ihr schon mal an! |
Wer die Übersicht verloren hat, | sollte wenigstens den Mut zur Entscheidung haben. |
Wer nachts gut schläft, muss tagsüber seine Ruhe haben. |
Keiner ist unnütz, | er kann immer noch ein schlechtes Beispiel geben. |
Es gibt Menschen, die kaufen sich von dem Geld, | das sie nicht haben, |
Dinge, die sie nicht brauchen, | weil sie damit Leuten imponieren wollen, |
die sie nicht mögen. |
Der Lehrer ist ein Mensch, der Schülern hilft, | die Probleme zu lösen,
die sie ohne ihn nicht hätten. |
Wussten Sie bereits, dass sich Wandergitarren | nicht fortbewegen können? |
Kennen Sie schon die Kindergärtnerin, die Bauklötze staunte? |
Wer sich selbst nichts vormacht, | braucht den anderen nichts nachzumachen. |
Die Vorteile der Klugheit liegen darin, | dass man sich dumm stellen kann. |
Wenn man es umgekehrt macht, | könnte man Schwierigkeiten haben. ||

(Kein Komma mitdiktieren)

150 Wörter

175 Ferienprogramm für Genießer

Heute ist ein sommerlicher, sonniger und warmer Tag. | Maike überlegt, was sie an diesem ersten Ferientag tun möchte. | Sie könnte in der Sonne liegen und lesen, schwimmen gehen | oder mit dem Fahrrad fahren. | Zuerst ruft sie Lara an, ob sie Zeit und Lust hat, | etwas mit ihr zu unternehmen. | Lara ist nämlich Maikes beste Freundin, | sie ist immer gut gelaunt*, lustig, aktiv | und steckt voller Ideen. | Heute will Lara aber zuerst ihre Tante besuchen, | danach hat sie Tennistraining und erst im Anschluss | kann sie mit Maike schwimmen gehen. | Die beiden verabreden, sich um fünf Uhr am Freibad zu treffen, | plaudern noch ein bisschen am Telefon, | sprechen über ihren neuesten Schwarm | und legen dann auf. | Maike entscheidet sich dafür, | den Nachmittag auf dem Balkon zu verbringen, | die Sonne zu genießen und ein gutes Buch zu lesen. | Dabei krault sie ihrer kleinen Katze | das schwarze, von der Sonne aufgeheizte, seidige Fell. ||

(Kein Komma mitdiktieren)

152 Wörter

* *Auch möglich: gutgelaunt*

176 Herbstarbeiten

Es kostet Mühe, bis ein Garten | für den Winter vorbereitet ist, | denn es fallen eine Menge Arbeiten an. | Die bunten Blätter werden zusammengerecht, auf den Komposthaufen gebracht | oder in Laubsäcken von der Stadtreinigung abgeholt. | Wird das Laub unter Hecken oder Sträuchern verteilt, | finden Igel hier einen Unterschlupf | für kalte Winternächte. | Wer im Frühjahr blühende Tulpen, Schneeglöckchen, | Krokusse oder Narzissen im Garten haben möchte, | sollte jetzt die Blumenzwiebeln in die Erde stecken. | Solange es frostfrei ist, kann man | die Äste der Obstbäume, Ziersträucher und Rosen | zurückschneiden. | Den Boden im Herbst umzugraben(,) | ist nicht in jedem Fall nötig. | Bei schweren Böden, | davon sind die meisten Gärtner überzeugt, | lässt es sich aber nicht umgehen. | Hier sollte man wenn möglich | die sogenannte* Frostgare ausnutzen, | die einen lockeren Boden ergibt, | wenn im Winter die umgegrabenen, | verfestigten Schollen durch den Frost gespalten werden. | Leichte Böden sollten nicht umgegraben, | sondern am besten abgedeckt werden, | entweder mit einer Mulchschicht | oder mit einer Gründüngung. ||

(Kein Komma mitdiktieren)

156 Wörter

* *Auch möglich: so genannte*

Klasse 9/10

177 Blickwinkel erweitern

Der bundesweite Zukunftstag für Mädchen, auch „Girls' Day" genannt, | fand erstmals im Jahr 2001 statt. | Interessierte Schülerinnen zwischen zehn und fünfzehn | bekommen an diesem Tag Einblick in Berufsfelder, | die Mädchen bei der Berufswahl nur selten in Betracht ziehen. | Technische Unternehmen, Forschungszentren und Betriebe mit technischen Abteilungen | öffnen ihre Türen, um zu zeigen, | wie interessant und spannend die Arbeit | in Laboren, Werkstätten und Redaktionen sein kann. |
Ziel des Aktionstages ist es, dass Mädchen | Kontakte herstellen, die für ihre berufliche Zukunft | nützlich sein können. | Wie sich gezeigt hat, profitieren aber auch | die teilnehmenden Unternehmen, denn sie | verzeichnen einen steigenden Anteil junger Frauen | in technischen und techniknahen Berufen. |
Auch Jungen können diesen Tag | für eine Erweiterung ihres Berufsspektrums nutzen: | Einzelne Initiativen bieten am selben Tag | Schnupperpraktika, die zum Beispiel Interesse | für soziale Berufe wecken sollen. ||

(Kein Komma mitdiktieren)

134 Wörter

178 Hula-Hoop

Vor fünfzig Jahren ließ fast jedes junge Mädchen, und mancher Junge tat es ihm nach, | einen bunten Kunststoffreifen um Taille, Kopf, Arme und Beine schwingen. | Seitdem war der Hula-Hoop-Reifen ein wenig aus der Mode gekommen, | aber nun ist er wieder da. | Hula-Hoop, der Name Hula bedeutet Südseetanz | und Hoop heißt Reifen, | kräftigt die Bauchmuskulatur und entlastet den Rücken. | Wer zwei- bis dreimal in der Woche übt, | trainiert Ausdauer und Koordination, | bringt Herz und Kreislauf ordentlich in Schwung. |
Für wenig Geld ist das Gerät im Sport- oder Spielzeugladen zu haben. |
Im Internet kann man sich Videos | von Menschen anschauen, die wahre Kunststücke | mit einem oder mehreren Reifen vollführen. | Da geht es entweder darum, den Reifen | möglichst lange zwischen Schulter und Hüfte kreisen zu lassen | oder gleichzeitig möglichst viele Reifen in Bewegung zu bringen. | Auch beim Tanzen kann man das Gerät | sehr effektvoll einsetzen. | Vielleicht möchtest du es auch einmal probieren? ||

(Kein Komma mitdiktieren)

150 Wörter

179 Dienstmädchen in Berlin im 19. Jahrhundert

Die Berliner Dienstmädchen, in den Zeitungen | „Mädchen für alles“ genannt, | sind in den bürgerlichen Familien | zu sehr mit Arbeit überhäuft, um sich immer sauber halten zu können. | Sie müssen kochen, die Küche rein erhalten, | die Zimmer ausfegen und scheuern, | Gänge besorgen, Kinder hüten | und, wenn ihnen gar abends eine Stunde übrig bleibt, | Strümpfe stopfen. |
Abgesehen von aller Arbeit genießen sie selten | eine freundliche Behandlung von der Herrin des Hauses. | Denn die Hausfrauen glauben nur dann | recht tüchtig ihre Pflicht zu erfüllen, | wenn sie mit böser Miene umhergehen, | immer tadeln, immer treiben. | Wird das Dienstmädchen nicht ihrer Faulheit | und Unehrlichkeit wegen ausgezankt, | so behandelt sie die Kinder schlecht, | ist nicht reinlich, legt zu viel Holz an, | nimmt zu viel Kaffee, bleibt zu lange aus, | wenn sie fortgeschickt wurde, | und klatscht mit den anderen Köchinnen des Hauses. | Kurz: Etwas findet sich immer, | was der wartenden Hausfrau | Stoff zur Unzufriedenheit und zum Zank bietet. ||

(Auszug aus einem Zeitungsartikel von Adolf Glaßbrenner aus dem Jahr 1835)

(Kein Komma mitdiktieren)

157 Wörter

180 Vom Wandel der Arten

Als Charles Darwin, ein junger britischer Naturforscher, im Jahr 1831 | zu einer fünfjährigen Weltreise aufbricht, | ist er wie seine Zeitgenossen der Auffassung, | dass die Tier- und Pflanzenarten so erschaffen wurden, wie sie existieren. | Doch die Beobachtungen, die er während seiner Forschungsreise macht, | lassen ihn an dieser Vorstellung zweifeln. | Auf den Galapagosinseln* findet er sonst nirgendwo vorkommende Finkenarten, | die denen vom nahe gelegenen** Festland aber auffallend ähneln. | Konnte es nicht sein, dass diese Arten | aus einer gemeinsamen Stammart entstanden waren? | In den Jahren nach seiner Rückkehr kommt Darwin | zu der Erkenntnis, dass es bei den Nachkommen einer Art | zufällige Veränderungen gibt. | Er stellt fest, dass manche der neuen Formen | bei der Konkurrenz um Lebensgrundlagen | im Vorteil sind und sich stärker fortpflanzen können. | Neue Arten entstehen, andere sterben aus. | Darwins bahnbrechender Beitrag zur Evolutionstheorie | stößt auf großes wissenschaftliches Interesse, | erschüttert aber zugleich das Weltbild seiner Zeit. | Noch Mitte des 17. Jahrhunderts wollte ein namhafter Wissenschaftler | das genaue Datum der Schöpfung berechnet haben. | Sogar die Uhrzeit, 9 Uhr am Morgen, glaubte er zu wissen. ||

(Kein Komma mitdiktieren)

175 Wörter

* *Auch möglich: Galapagos-Inseln*
** *Auch möglich: nahegelegenen*

16 Sonstige Zeichensetzung

Klasse 5/6

181 Auskunft

„Entschuldigen Sie bitte, | können Sie mir sagen, wie spät es ist?“ |
„Jetzt ist es halb vier.“ |
„Vielen Dank.“ |

„Entschuldigung, | wo finde ich denn die Sockenabteilung?“ |
„Die schönsten Socken bekommen Sie im ersten Stock, | neben dem Schuhladen.“ |
„Danke schön.“ |

„Hallo, Mama!“ |
„Hallo, Tim! | Was machst du denn hier?“ |
„Mama, stell dir vor, | meine Klasse hat mich zum Klassensprecher gewählt!“ |
„Wie schön! | Ich gratuliere dir!“ |

„Verflixt und zugenäht! | Gibt es in diesem Saftladen denn niemanden, | der sich auskennt?“ |
„Kann ich Ihnen irgendwie behilflich sein, mein Herr?“ |
„Da wären Sie aber die Erste! | Ich suche das Fundbüro.“ |
„Fundgegenstände werden bei mir abgegeben. | Was vermissen Sie denn?“ |
„Meine Frau!“ ||

(Keine Satzzeichen mitdiktieren)

106 Wörter

182 Teddys im All

Seit Kurzem* befinden sich vier Teddybären im All, | die von einer britischen Universität mit Gasballons | auf diese Reise geschickt wurden. | Für ihre Raumfahrt wurden sie | mit mehreren Kameras, Peilgeräten und Computern ausgestattet. | Jetzt schweben sie rund 30 Kilometer hoch | über der Erde, wo extreme Minustemperaturen herrschen. |
Die Raumanzüge, die sie tragen, wurden von Schülern | im Rahmen eines Forschungsprojekts entworfen. | Nun möchte man herausfinden, welcher der vier Anzüge | die Bären am besten vor der Kälte im All schützt. | „Wir unternehmen solche Forschungsversuche, | um Schüler bereits zu Schulzeiten | an der Weltraumforschung zu beteiligen“, | sagte ein Vertreter der Uni. |
Ob die vier irgendwann heil zur Erde zurückkommen? | Hoffen wir es! ||

(Keine Satzzeichen mitdiktieren)

110 Wörter

** Auch möglich: seit kurzem*

183 Schulwitze

Es ist in der Erdkundestunde. | Der Lehrer fragt: | „Was ist weiter von uns entfernt: | China oder der Mond?“ |

Leo ruft sofort in die Klasse hinein: | „China, Herr Lehrer!“ |
Der Lehrer wundert sich: | „Nicht der Mond?“ |
Leo antwortet: | „Den Mond kann man ja | von hier aus sehen, | China aber nicht.“ |

Der Lehrer fordert Lisa auf: | „Komm an die Landkarte | und zeige uns Amerika.“ | Lisa zeigt auf die USA. | „Richtig“, sagt der Lehrer | und fragt die Klasse: | „Und wer hat Amerika entdeckt?“ | Antwort der Klasse: | „Lisa!“ |

Jenny schimpft über die Klassenarbeit: | „War das ein blödes Thema! | Mir ist nichts eingefallen. | Ich habe ein leeres Blatt abgegeben.“ | Ihre Freundin stimmt zu: | „Ich auch! | Denkt die Lehrerin jetzt wieder, | dass wir voneinander abgeschrieben haben?“ ||

(Keine Satzzeichen mitdiktieren)

121 Wörter

184 Was wäre, wenn ...

Was wäre, wenn du einmal | mit deiner Mutter die Rollen tauschen würdest? | Stell dir das einmal vor! |
Morgens musst du deine Mutter wecken, | die natürlich immer noch im Bett liegt. | „Nur noch fünf Minuten!“, | bettelt die Schlafmütze. |
Dann bereitest du das Frühstück, | streichst die Pausenbrote | und rufst noch schnell den Handwerker an. | Auf dem Weg zur Arbeit hältst du beim Supermarkt, | um Salat, Kartoffeln und andere Lebensmittel einzukaufen. | Inzwischen sitzt deine Mutter in der Schule, | flüstert mit ihrer Sitznachbarin | und brütet über der Englischarbeit. | Wenn sie dann mit schlechter Laune nach Hause* kommt, | erwartet sie von dir ein leckeres Essen. | Weil sie keine Lust hat, ihren Hund auszuführen, | musst du das wieder einmal tun. | Nachmittags und abends hast du ein volles Programm: | aufräumen, putzen und zum Elternabend gehen. | Na, wie fändest du das? ||

(Keine Satzzeichen mitdiktieren)

136 Wörter

* *Auch möglich: nachhause*

185 Hosenkauf

Tobias ist in den letzten Wochen ziemlich gewachsen. | Keine Hose im Kleiderschrank passt mehr. | Seine Mutter hat frei und meint: | „Da müssen wir wohl | ein paar neue Sachen kaufen. | Ich weiß, | wo ein gutes Bekleidungsgeschäft ist.“ | Zu Fuß machen sie sich auf den Weg | in die Innenstadt. | Schon im Schaufenster entdeckt Tobias eine Jeans, | die ihm gut gefallen würde. | In der Kabine probiert Tobias | eine Hose nach der anderen an. | „Wie viele Stücke soll ich dir denn noch reichen? | Passt denn immer noch keine Hose?“, | fragt seine Mutter ungeduldig. | Tobias kann sich nicht gleich entscheiden. | Ausgerechnet die Jeans aus dem Schaufenster | ist nicht mehr in seiner Größe da. | „Diese Hose passt am besten“, | findet seine Mutter(,) | und Tobias fragt, | ob er sie gleich anbehalten darf. | Zufrieden verlassen die beiden den Laden. | Zu Hause* meint Tobias: | „Herrje, wir haben meine alte Hose | im Geschäft vergessen!" ||

(Keine Satzzeichen mitdiktieren)

145 Wörter

* *Auch möglich: zuhause*

186 Astrid Lindgrens berühmteste Figur

Als Karin, die Tochter von Astrid Lindgren, | einmal krank im Bett lag, bat sie ihre Mutter: | „Erzähl mir doch Geschichten von Pippi Langstrumpf!" | Dass dieser Name, den Karin sich selbst ausgedacht hatte, | einmal weltberühmt werden würde, | hatte sie damals sicher nicht vermutet. | Die Mutter erfand viele lustige Erlebnisse | der frechen Seeräubertochter, die plötzlich mit Pferd, | Affe und Goldkoffer in einer kleinen schwedischen Stadt auftaucht. | Doch sie wären niemals aufgeschrieben worden, | wenn Astrid Lindgren nicht einen kleinen Unfall gehabt hätte. | Sie selbst beschreibt das so: | „Doch dann kam dieser Schnee, der die Straßen | glitschig wie Schmierseife machte. | Ich fiel hin, verstauchte mir den Fuß, | musste liegen und hatte nichts zu tun. | Was tut man da? Man schreibt vielleicht ein Buch. | Ich schrieb Pippi Langstrumpf." ||

(Keine Satzzeichen mitdiktieren)

127 Wörter

Klasse 7/8

187 Klassenfahrt

Die Klasse 7a plant im Klassenrat ihre nächste Klassenfahrt in die Berge. | „Wir werden wandern, schwimmen und bestimmt viel Spaß haben", meint die Lehrerin. | „Können wir", fragt Pia, | „am Abend ein Lagerfeuer machen?" | Frau Bauer nickt und teilt bunte Zettel an alle aus. | In Gruppen soll nun die Klasse ihre Vorschläge | für das Abendprogramm aufschreiben. | Eine Gruppe überlegt sich Gesellschaftsspiele | wie „Halma" oder „Vier gewinnt". | Markus protestiert: | „Puh, das ist doch langweilig! | Habt ihr keine bessere Idee?" | Eine andere Gruppe schlägt nun eine Nachtwanderung mit Fackeln vor. | Doch die größte Zustimmung findet die Idee einer Disconacht*. | Nachdem festgelegt wurde, | welche Gruppe für die Vorbereitung zuständig ist, | wird der Küchendienst eingeteilt. | Jeder aus der Klasse soll mindestens zweimal den Tisch decken | und beim Abspülen helfen. | Doch keiner meldet sich freiwillig. | Erst nach langer Diskussion | kann die Lehrerin die Namen auf dem Küchenplan eintragen. | Jetzt kann es losgehen! ||

(Keine Satzzeichen mitdiktieren)

148 Wörter

* *Auch möglich: Diskonacht*

188 Möbiusringe

Wie wäre es mit einem Zaubertrick**?** | Dieser hier ist schnell vorbereitet, klappt immer und verblüfft deine Freunde. |
Vor etwa 200 Jahren hat sich ein deutscher Mathematiker, er hieß August Möbius, | diese verwirrende Papierkonstruktion ausgedacht. |
Du brauchst**:** ein Blatt Papier, | Lineal, Kleber und eine Schere. |
Dies bereitest du vorher alleine vor**:** | Schneide das Papier längs in 4 Zentimeter breite Streifen. | Klebe die Streifen jeweils an ihren Enden | zu einem langen Papierband aneinander | – es ist dann ungefähr anderthalb Meter lang. | Drehe das Band ein- oder zweimal, | bevor du es zu einem Ring zusammenklebst. |
Diesen Ring zeigst du deinen Zuschauern. | Frage sie**:** „Was passiert, | wenn ich den ganzen Ring der Länge nach durchschneide**?**" |
Wetten, dass die meisten vermuten, dass zwei Ringe entstehen**?** |
Abrakadabra**!** | Jetzt schneidest du den Ring durch(,) | und aus dem einmal gedrehten Band ist ein riesengroßer Ring | und aus dem zweimal gedrehten Band sind zwei ineinanderhängende Ringe geworden. ||

(Keine Satzzeichen mitdiktieren)

148 Wörter

189 Denkmäler

Als Denkmal bezeichnet man meistens ein Bauwerk, das die Menschen in vergangenen Zeiten geschaffen haben. | Denkmäler zeigen uns nicht nur, wie man früher gebaut hat, | sondern auch, wie die Menschen gelebt, gearbeitet und gedacht haben. | Damit liefern sie uns wertvolle Kenntnisse über die Geschichte. | Man kann es so sagen**:** | Denkmäler sind Zeugen einer früheren Zeit. |
Zu den Baudenkmälern gehören nicht nur Burgen, Schlösser, Kirchen, | vielmehr zählt man auch technische Bauwerke wie Fabriken, Bergwerke, Brücken, | Leuchttürme oder Windmühlen dazu. | Naturdenkmäler können einzelne Bäume, oft besonders alte oder seltene, | sowie Gärten, zum Beispiel historische Bauerngärten, | oder Parkanlagen sein. |
Weiterhin spricht man von „beweglichen Denkmälern", | wenn das Bauwerk sich von einem Ort zum anderen bewegen kann, | wie dies zum Beispiel bei Zügen, Flugzeugen oder Schiffen der Fall ist. |
Denkmäler im engeren Sinne sind künstlerisch gestaltete Objekte, | die mit dem Ziel geschaffen wurden, | an ein Ereignis, einen Menschen oder einen Brauch zu erinnern. |
Fällt dir ein Denkmal | – ob so oder so verstanden – | in deiner Umgebung ein**?** ||

(Keine Satzzeichen mitdiktieren)

163 Wörter

190 Die Lehrerin, die an alles denken wollte

Eine Lehrerin wollte mit ihrer Klasse eine Radtour machen. | Sie überlegte, was sie mitnehmen müssten. | An alles wollte sie denken. | „Es könnte Regen geben“, befürchtete sie. | Also packten sie Regenmäntel, Gummistiefel und trockene Socken ein. | „Es könnte früh dunkel werden“, meinte eine Schülerin. | Deshalb nahm jeder eine Taschenlampe mit. | „Was machen wir, wenn wir uns verirren**?“**, fragte ein ängstlicher Schüler. | Dann müssten sie draußen übernachten. | Deshalb packten sie Zelte und Schlafsäcke ein, | dazu einen Spirituskocher, einen großen Kochtopf und Lebensmittel für mehrere Tage. | Es war klar, dass jeder Pflaster und Verbandszeug einpacken musste. | Dann fiel der Lehrerin noch ein, dass es neblig werden könnte. | Also hängte sie sich ein Nebelhorn um den Hals. | So radelten sie los, | traten in die Pedale, keuchten und schwitzten. | Aber sehr weit kamen sie nicht, | denn nach hundert Metern platzte am Rad der Lehrerin ein Reifen, | weil sie so schwer bepackt war. | Und an Werkzeug hatte niemand gedacht. ||

(Keine Satzzeichen mitdiktieren)

160 Wörter

191 Marionetten

Eine Marionette ist eine Gliederpuppe, | die von einem Marionettenspieler mithilfe* von Fäden, | die an den einzelnen Gliedern befestigt sind, | bewegt wird. | Ihre Köpfe bestanden früher häufig aus Lindenholz, | weil es weich genug ist, um einfach bearbeitet zu werden, | und hart genug, um lange zu halten. | Heute werden verschiedene Materialien verwendet: | Hart- und Weichschaum, Latex, | Pappmaschee** und vieles mehr. | Im Gegensatz zu einer Handpuppe | kann hier die ganze Figur bewegt werden, | also auch die Beine, | wodurch die Figur sehr lebensecht erscheint. | Allerdings kann sie keine Handlungen ausführen | wie Greifen oder Umarmen(,) | und sie hat stets denselben Gesichtsausdruck. | Aber der Spieler kann sie Bewegungen ausführen lassen, | die kein Mensch könnte, indem er sie | zum Beispiel durch die Luft fliegen lässt. | Dies macht sie gerade für fantastisches*** Geschehen auf der Bühne so geeignet. | Der Spieler selbst kann beim Spiel völlig verdeckt bleiben, | sodass**** nur die Figur für das Publikum sichtbar ist. | Eines der bekanntesten Marionettentheater in Deutschland | ist die Augsburger Puppenkiste, | in der so beliebte Figuren wie Jim Knopf, | das Urmel oder der kleine, dicke Ritter aufgetreten sind. ||

(Keine Satzzeichen mitdiktieren)

176 Wörter

* *Auch möglich: mit Hilfe*
** *Auch möglich: Pappmaché*
*** *Auch möglich: phantastisches*
**** *Auch möglich: so dass*

192 Bootsunfall

Am Freitag, den 13. Mai(,) | legten Anna und Sven mit ihrer „Möwe“ am Bootssteg ab. | Mit an Bord waren ihr Mischlingshund Flocki | und Proviant für den Tag. | Nach zwei ruhigen, erholsamen Stunden rief Anna: | „Oh, verdammt**!** Lauter Felsen direkt voraus.“ | Sven saß am Steuer und lenkte in die andere Richtung – doch zu spät. | Die „Möwe“ schrammte mit der Backbordseite | an einem scharfkantigen Stein entlang. | Der Rumpf des Bootes war unter der Wasserlinie | durch unzählige kleine Risse beschädigt worden. | Jetzt schoss das Wasser durch die Löcher(,) | und der Innenraum füllte sich rasch. | Flocki sprang ins Wasser und schwamm zur Ankerleine. | „Eine prima Idee**!**“, rief Anna und hechtete hinterher. | Sven schaute verdutzt. | Er hatte noch nicht verstanden, was die beiden vorhatten. | Erst als das Boot sich auf die Insel zubewegte, | schnappte er den wasserdichten Vesperbeutel und sprang auch. | Gemeinsam zogen sie die „Möwe“ auf die Sandbank. | „Und“, fragte Anna, „was machen wir jetzt**?**“ | Grinsend zog Sven sein Handy aus dem Beutel. | „Man muss für den Notfall gerüstet sein“, | meinte er und drückte auf die Tasten. ||

(Keine Satzzeichen mitdiktieren)

174 Wörter

193 Die Taube und die Ameise

An einem heißen Sommertag flog eine durstige Taube | an einen kleinen, rieselnden Bach. | Sie tauchte den Schnabel in das klare Wasser und trank. | Doch plötzlich sah sie, wie sich eine Ameise verzweifelt bemühte(,) wieder an Land zu paddeln. | Die Taube überlegte nicht lange, | knickte einen dicken, langen Grasstängel ab und warf ihn der Ameise zu. | Flink kletterte diese über die Rettungsbrücke an Land. | Die Taube – sehr zufrieden mit sich –* sonnte sich danach auf einem dicken Ast, der nahe am Bach lag. | Ein junger Bursche kam daher. | Er trug Pfeil und Bogen. | Als er die Taube entdeckte, flüsterte er: | „Gebratene Tauben sind meine Lieblingsspeise.“ | Dann spannte er siegesgewiss seinen Bogen. | Erbost über dieses unerhörte Vorhaben gegen ihren Wohltäter | kroch die Ameise auf seinen Fuß und zwickte ihn. | Der Taugenichts zuckte zusammen und schlug mit seiner Hand | kräftig nach dem kleinen Quälgeist. | Das klatschende Geräusch schreckte die Taube auf(,) | und eilig flog sie davon. |
„Welch ein Glück**!**“, rief die Ameise, | „so kann ich meinem Retter danken.“ |
Aus Freude darüber biss sie noch einmal kräftig zu | und kroch dann wohlgelaunt** in einen Maulwurfshügel. ||

(Nach La Fontaine)

(Keine Satzzeichen mitdiktieren)

185 Wörter

* *Hier sind auch zwei Kommas statt der Gedankenstriche möglich.*
** *Auch möglich: wohl gelaunt*

Klasse 9/10

194 Kleiner Handy-Knigge

Handys sind aus dem täglichen Leben kaum mehr wegzudenken. | Umso wichtiger ist es, | beim mobilen Telefonieren ein paar Regeln zu beachten. |
Dass Handys im Unterricht, beim Kino- oder Konzertbesuch | nicht eingeschaltet sind, | versteht sich von selbst. | Aber auch sonst gilt: **Überall(,)** wo das Klingeln | und ein Gespräch stören, | bleibt das mobile Telefon ausgeschaltet, | zumindest der Rufton. |
Ein Anruf kann aber auch sonst zu unpassender Zeit kommen. | In solchen Situationen sollte man den Signalton schnell ausstellen | oder, falls das gerade möglich ist, das Telefonat kurz entgegennehmen | und anbieten(,) später zurückzurufen. | Das ist nicht unfreundlich, denn jeder weiß, | dass man private Details nicht gerne | in der Kassenschlange oder in öffentlichen Verkehrsmitteln bespricht. |
Wie melde ich mich, wenn ich angerufen werde**?** | Hören andere mit, reicht ein einfaches **„**Ja, bitte**“**. | Ansonsten meldet man sich am besten mit dem Namen. ||

(Keine Satzzeichen mitdiktieren)

137 Wörter

195 In einem Film mitspielen

Neben echten Schauspielern in einem Film mitzuwirken, | davon träumen viele Menschen. | Dieser Traum kann in Erfüllung gehen, | denn für fast jeden Kino- oder Fernsehfilm werden Statisten benötigt, | um das Geschehen lebendig und echt zu gestalten. |
Männer und Frauen jeden Alters, auch Kinder und Jugendliche werden als Statisten engagiert. | Sie spielen keine individuelle Rolle, sondern bewegen sich | meist unauffällig im Hintergrund einer Szene. |
Von **„**Komparsen**“** spricht man, | wenn die Darsteller besondere Aufgaben erfüllen müssen. | Sie haben zum Beispiel einen Satz zu sprechen | oder sollen zum richtigen Zeitpunkt eine bestimmte Handlung ausführen, | etwa die Hauptfigur anrempeln. | Zu den wichtigen Regeln für alle Statisten und Komparsen | gehören diese**:** Nicht die Schauspieler ansprechen, | genau auf die Anweisungen achten, | nie in die Kamera schauen**!** |
Es kann sein, dass man lange warten muss, | bis man an der Reihe ist. | Ungemütliches Wetter, umständliche Ankleidungsprozeduren | und zermürbende Wiederholungen sind ebenfalls möglich. | Wen das nicht abschreckt, | der bekommt **–** je nach Aufwand **–** ein Honorar von bis zu 60 Euro am Tag. |
Wie kommt man nun an eine Statistenrolle**?** | In Zeitungen oder im Internet findet man | entsprechende Anzeigen mit genauen Angaben, | welche Voraussetzungen man erfüllen muss. | Da heißt es zum Beispiel**:** | **„**Wir brauchen drei Jungen im Alter von 14 bis 16 Jahren, | die skaten können.**“** | Wäre das etwas für dich gewesen**?** ||

(Keine Satzzeichen mitdiktieren)

214 Wörter

196 Das Pferdeei

Es war einmal ein Bauer namens Hans, | der sah auf dem Markt einen Händler, | der große Kürbisse zu verkaufen hatte. | Er fragte ihn: „Was sind das für Dinger?“ | „Pferdeeier“, antwortete der andere. | „Oho“, staunte Hans, „sind sie sehr teuer?“ | „Sieh das rotbraune hier“, sprach jener, | „das gibt einen prächtigen Fuchs* und kostet nur zehn Taler!“ | Das kam Hans nicht zu viel vor für einen schönen Fuchs und er zahlte. |
Nun wollte er noch wissen: „Wie muss das Ei ausgebrütet werden?“ | „Das musst du selbst ausbrüten“, sagte der Händler, | „es dauert vier Wochen, bis das Fohlen herauskommt. | Halte das Ei stets ganz warm!“ |
Hans eilte mit seinem Pferdeei nach Hause**, | bereitete im Stall das Nest und setzte sich auf das Ei. | Doch auch nach vier Wochen rührte sich nichts. | Weil Hans seine Ungeduld nicht länger zügeln konnte, | nahm er das Ei, ging damit hinters Haus, | wo ein großer Stein lag, und warf es dagegen. | Der Kürbis, der innen schon ganz faul war, zerplatzte in viele Stücke. |
Eins davon fiel in ein Gebüsch, hinter dem ein Fuchs schlief. | Der sprang auf und lief eilig davon. | Da glaubte Hans, es sei sein rotes Fohlen, | und er rief: „Komm zurück, komm zurück!“ | Aber es kam nicht. | Betrübt nahm Hans sich vor, mit dem nächsten Pferdeei | hübsch im Stall zu bleiben, damit sein Fohlen | nicht entwischen könne. ||

(Keine Satzzeichen mitdiktieren)

224 Wörter

* *Als Fuchs bezeichnet man auch ein Pferd mit braunem Fell und brauner Mähne.*
** *Auch möglich: nachhause*

17 Gemischte Diktate

Klasse 5/6

197 Kinderlied

Zwischen Berg und tiefem Tal |
saßen einst zwei Hasen, |
fraßen ab das grüne Gras |
bis auf den Rasen. |
Und als sie satt gefressen waren, |
setzten sie sich nieder. |
Bis dass der Jäger kam |
und schoss sie nieder. |
Als sie sich nun aufgerappelt hatten |
und sich besannen, |
dass sie noch am Leben waren, |
liefen sie von dannen. ||

57 Wörter

198 Das Dromedar

Ein Leben in der Wüste ist beschwerlich. | Nur wenige Tiere sind angepasst an das Klima, | das dort herrscht. | Eines dieser Tiere ist das Dromedar. | Man hat festgestellt, | dass die Körpertemperatur des Dromedars | im Laufe eines Tages stark schwankt. | Der Körper des Tieres heizt sich zunächst auf, | ohne dass es schwitzt. | So spart das einhöckrige Kamel Wasser. | Dromedare können außerdem | längere Zeit ohne Nahrung auskommen. | Dies liegt daran, | dass sie in ihrem Höcker Fett speichern, | welches ihnen als Reserve dient. ||

81 Wörter

199 Der Sperling und das Känguru

In seinem Zaun das Känguru – |
es hockt und guckt dem Sperling zu. |
Der Sperling sitzt auf dem Gebäude, |
doch ohne sonderliche Freude. |
Vielmehr, er fühlt, den Kopf geduckt, |
wie ihn das Känguru beguckt. |
Der Sperling sträubt den Federflaus*. |
Die Sache ist auch gar zu kraus. |
Ihm ist, als ob er kaum noch säße. |
Wenn nun das Känguru ihn fräße?! |
Doch dieses dreht nach einer Stunde |
den Kopf aus irgendeinem Grunde, |
vielleicht auch ohne tieferen Sinn, |
nach einer anderen Richtung hin. ||

(Von Christian Morgenstern)

85 Wörter

* *Wort vorgeben. Flaus ist ein veraltetes Wort für Flausch.*

200 Die Hauskatze

Ursprünglich stammt unsere Hauskatze aus dem warmen Ägypten. | Vielleicht kommt es daher, | dass sich Katzen mit Vorliebe | an warmen Orten nahe der Heizung | oder auf einer sonnigen Fensterbank aufhalten. | Wenn sich die Katze wohlfühlt*, | schnurrt sie. | Katzen sind Einzelgänger, | die sich zwar an den Menschen gewöhnen, | aber keine feste Bindung zu ihm eingehen. | Katzen verständigen sich untereinander | nicht nur mithilfe** ihrer Stimme, | sondern auch durch ihre Körperhaltung und mit Duftmarken. | Das schärfste Sinnesorgan der Katze ist das Auge. | Bei Dämmerung sieht sie viel besser als ein Mensch, | im Dunkeln orientiert sie sich mit ihrem Gehör. | Mit ihren Schnurrhaaren kann die Katze Hindernisse abtasten und erkennen. ||

107 Wörter

* *Auch möglich: wohl fühlt*
** *Auch möglich: mit Hilfe*

201 Süße Verführung

Zu den Süßigkeiten, die bei Kindern besonders beliebt sind, | gehört sicherlich die Zuckerwatte. | Sie wurde vor gut hundert Jahren | von zwei amerikanischen Konditoren erfunden | und ist seither von Jahrmärkten und Volksfesten | nicht mehr wegzudenken. | Hergestellt wird sie mit einer speziellen Maschine, | in der eine Portion Zucker erhitzt | und so verflüssigt wird. | In einer sich drehenden Schüssel | wird der geschmolzene Zucker dann geschleudert | und erstarrt dabei zu Fäden, | die wie ein riesiger Wattebausch | auf einen Holzstab gewickelt werden. |
Etwas weniger beliebt | ist dieser süße Spaß bei den Eltern. | Schon nach kurzer Zeit wird die bauschige Watte | nämlich zu einer klebrigen Masse, | die sich nur schwer von Händen und Kleidern entfernen lässt. | Auf jeden Fall sollte man nach dem Genuss | nicht das Zähneputzen vergessen! ||

125 Wörter

202 Berge, die Feuer spucken

Vulkane entstehen an den Stellen auf der Erde, | an denen die Platten der Erdkruste zusammenstoßen | oder diese besonders dünn ist. | Bricht ein solcher Feuerberg aus, | gelangt heißes Magma | durch den Schlot an die Oberfläche. | Gase, Asche, Staub und große Gesteinsbrocken | werden herausgeschleudert. | Tritt das zähflüssige Magma aus dem Krater, | wird es als Lava bezeichnet. | Sie fließt als glutroter und kochend heißer Strom | die Hänge hinab | und fördert Unmengen wichtiger Mineralien zutage*. | Darum entsteht schon kurze Zeit | nach einem Vulkanausbruch | wieder fruchtbarer Boden. | Ebenso findet man in Gebieten mit zahlreichen Vulkanen | besonders viele Bodenschätze, | die normalerweise tief in der Erde liegen. | Durch die Ausbrüche werden | Kupfer, Uran, Schwefel oder sogar Gold | für den Menschen zugänglich. ||

118 Wörter

* *Auch möglich: zu Tage*

203 Der Esel und der Fuchs

Ein Esel und ein Fuchs lebten lange | freundschaftlich zusammen und gingen auch | miteinander auf die Jagd. | Auf einem ihrer Streifzüge kam ihnen | ein Löwe so plötzlich in den Weg, | dass der Fuchs fürchtete, | er könne nicht mehr entfliehen. | Da nahm er zu einer List Zuflucht. | Mit gekünstelter Freundlichkeit sagte er zum Löwen: | „Ich fürchte nichts von dir, | großmütiger König. | Kann ich dir aber mit dem Fleische | meines dummen Begleiters dienen, | so musst du nur befehlen." | Der Löwe versprach ihm Schonung(,) | und der Fuchs führte den Esel zu einer Grube, | in die der fiel. | Brüllend eilte nun der Löwe | auf den Fuchs zu und ergriff ihn | mit den Worten: | „Der Esel ist mir gewiss, | aber dich zerreiße ich | wegen deiner Falschheit zuerst." ||

(Nach Äsop)

126 Wörter

204 Der Dino im Museum

Die ausgegrabenen Reste eines Dinosauriers | kommen in die Werkstatt eines Museums | und werden dort weiter bearbeitet. | Es dauert oft Jahre, | bis die Knochen von allen Steinresten befreit sind. | Die erste Schicht | wird mit Hammer und Meißel abgeschlagen. | Dann kommen Schleifgeräte | und Drahtbürsten zum Einsatz. | Für die Feinarbeit nutzen Wissenschaftler | sogar Zahnarztbohrer. | Jeder Dinosaurier hatte ungefähr | 230 verschiedene Knochen, egal(,) | ob er groß oder klein war. | An den Knochen kann man ablesen, | wie groß der Dinosaurier war | und wie sein Körperbau aussah. | Es ist sehr schwierig, | aus den gefundenen Knochen ein Skelett zusammenzusetzen. | Um ein lebensechtes Modell zu bekommen, | errichtet man ein hölzernes Gerüst, | an dem die Knochen in die richtige Lage gebracht werden. | Sie werden mit Metallstücken und Klammern verbunden. | Zum Schluss wird das Holzgerüst entfernt. ||

130 Wörter

205 Entdeckungsreisen

In Zeiten der großen Seefahrer und Entdecker | war es etwas Besonderes, | seine Heimat zu verlassen und auf Reisen zu gehen. | Oft waren die mutigen Männer jahrelang unterwegs(,) | und nicht alle kehrten nach Hause zurück. | Auf den Segelschiffen fuhr immer | die Angst vor Piraten und orkanartigen Stürmen mit. | Oft wurde das Süßwasser faulig(,) | und die Vorräte verdarben. | Dadurch waren Krankheiten vorprogrammiert(,) | und die Matrosen waren froh, | nach langer Fahrt über die Weltmeere | wieder festen Boden unter den Füßen zu haben. | Oft brachten die Mannschaften wertvolle Gewürze oder Edelsteine | von ihren kräftezehrenden Abenteuern mit in die Heimat. | Auf diese Weise entstanden nützliche Handelsbeziehungen, | die immer weiter ausgebaut werden konnten. | Neue Kontinente und Länder | wurden im Auftrag von Königs- und Fürstenhäusern entdeckt. | Manche Seefahrer kamen dadurch zu | Reichtum und erlangten Ruhm und Ansehen. ||

131 Wörter

206 **Strohhalm, Kohle und Bohne**

Eine alte Frau wollte Bohnen kochen. | Dafür zündete sie das Feuer im Herd mit Stroh an. | Als sie die Bohnen in den Topf schüttete, | fiel unbemerkt eine auf den Boden | neben einen Strohhalm. | Bald danach sprang auch eine glühende Kohle | vom Herd zu den beiden herab. | Die drei freuten sich, | dass sie gerade noch dem sicheren Tod entwischt waren, | und beschlossen, | von nun an als gute Freunde zusammenzuhalten. | Gemeinsam machten sie sich auf den Weg. |
Bald kamen sie an einen kleinen Bach, | an dem es keine Brücke gab. | Wie sollten sie hinüberkommen? | Der Strohhalm hatte eine gute Idee. | Er legte sich quer über den Bach | von einem Ufer zum andern. | Die Kohle trippelte keck auf die neu gebaute Brücke. | Als sie in die Mitte gekommen war | und das Wasser rauschen hörte, | bekam sie Angst, blieb stehen | und getraute sich nicht weiter. | Deshalb fing der Strohhalm an zu brennen, | zerbrach und fiel in den Bach. | Die Kohle rutschte nach und gab im Wasser den Geist auf. |
Die Bohne, die noch am Ufer stand, | musste darüber so gewaltig lachen, | dass sie zerplatzte. | Nun war es ebenfalls um sie geschehen. | Doch ein Schneider, | der sich an dem Bach ausgeruht hatte, | holte Nadel und schwarzen Zwirn heraus | und nähte sie wieder zusammen. | Seitdem haben alle Bohnen eine schwarze Naht. ||

(Frei nach den Brüdern Grimm)

219 Wörter

Klasse 7/8

207 Massage mit einem Ball

Fühlt sich dein Rücken manchmal verspannt an? | Dann kannst du ihm mit dieser einfachen Übung Gutes tun. | Nimm einen Tennisball und stelle dich vor eine gerade Wand. | Klemme den Ball zwischen Wand und Rücken. | Jetzt bewegst du dich langsam und genussvoll hin und her, | nach unten und nach oben, | sodass* der Ball über deinen Rücken wandert. | Merkst du, wie gut das tut? |
Auch deine Füße kannst du mit dem Ball massieren. | Rolle im Sitzen abwechselnd mit einem Fuß | den Ball hin und her, | am besten geht das barfuß. | Schon bald wirst du ein angenehmes Gefühl der Entspannung spüren. ||

102 Wörter

** Auch möglich: so dass*

208 Reden mit dem Bauch?

Manchmal sieht man im Fernsehen oder im Zirkus einen Bauchredner. | Er hat meistens eine Handpuppe dabei | und unterhält sich mit ihr. | Dabei sieht es so aus, als ob ihm die Puppe mit einer eigenen Stimme antwortet. | Viele glauben, | dass der Bauchredner zum Sprechen tatsächlich seinen Bauch benutzt. | In Wirklichkeit erzeugt er die Töne in seinem Mund, | ohne die Lippen zu bewegen. | Man braucht sehr viel Übung, | um das Publikum auf diese Weise täuschen zu können. |
Am besten funktioniert es, | wenn der Bauchredner dabei lächelt. | Dann kann er hinter den leicht geöffneten Lippen unauffällig die Worte formen. | Damit die Zuschauer gar nicht so genau auf seinen Mund achten, | lenkt er sie durch Bewegungen der Puppe ab. | Versuch es doch auch einmal! ||

124 Wörter

209 Drohender Klimawandel

Der Klimabericht der Vereinten Nationen besagt, | dass bis zum Jahr 2020 wirksame Maßnahmen eingeleitet werden müssen, | die eine extreme Erderwärmung verhindern sollen. | Andernfalls verändert sich das Klima auf der Erde so, | dass mit schlimmen Folgen für Menschen, | Tiere und Umwelt zu rechnen ist. | Während die Politiker noch streiten, | welche Verbote, Erlasse und Anstrengungen | die richtigen sind, kann jeder Einzelne schon jetzt damit beginnen, | sich für den Klimaschutz einzusetzen. | Jeder kann sparsamer mit Energie umgehen, | indem er zum Beispiel weniger oft Auto fährt, | die Heizung herunterdreht oder bei Elektrogeräten den Stand-by-Betrieb* abschaltet. | Leider sind bisher nur wenige Menschen bereit, | auf lieb gewordene** Bequemlichkeiten konsequent zu verzichten. | Doch wird sich hoffentlich bald die Einsicht durchsetzen, | dass für die Zukunft dieses Planeten schnell gehandelt werden muss. ||

125 Wörter

** Auch möglich: Standbybetrieb*
*** Auch möglich: liebgewordene*

210 Wer rastet, der rostet

Bewegung ist gesund(,) und wer regelmäßig Sport treibt, | hält sich ein Leben lang fit. | Sport festigt die Muskeln, | verbrennt Kalorien und stärkt das Herz-Kreislauf-System. | Manche Sportarten, wie zum Beispiel Turnen oder Judo, | erfordern Geschick und Gleichgewicht. | Für Schwimmen, Boxen, Rudern oder Leichtathletik | braucht ein Sportler Kondition und Kraft. | Diese bekommt er durch regelmäßiges Training. | Viele Sportarten sind nur in einer guten Mannschaft möglich. | Dann ist Teamgeist gefragt. | Man muss sich auf den anderen verlassen können | und sich gegenseitig unterstützen, wenn man gewinnen möchte. |
Leider ist bei vielen Disziplinen eine Verletzung nicht auszuschließen. | Es ist deshalb immer wichtig, | die richtige Ausrüstung zu tragen | und an notwendige Schutzmaßnahmen zu denken. | Vor der sportlichen Betätigung braucht man ein bisschen Zeit, | um die Muskulatur gründlich aufzuwärmen | und so das Verletzungsrisiko zu senken. ||

132 Wörter

211 Kleine Welt ganz groß

Schon seit Jahrtausenden begeistert sich die Menschheit | für die grenzenlosen Weiten des Universums. | Doch es ist erst etwas mehr als vierhundert Jahre her, | dass Forschern der erste zaghafte Blick | in eine winzig kleine Welt gelungen ist | – in den Mikrokosmos. | Der Engländer Robert Hooke | begann mit seinem Auflichtmikroskop(,) | Pflanzenbestandteile zu untersuchen(,) | und er entdeckte, dass Pflanzen aus einzelnen Zellen bestehen. | Für die damalige Zeit war dies eine Sensation. | Heute sind der biologische Bauplan von Tieren und Pflanzen, | die Strukturen, nach denen das menschliche Leben funktioniert, | oder Krankheitserreger bereits gut erforscht. | Den bisher letzten Meilenstein auf dem Weg in das Reich des Unsichtbaren | setzte die Erfindung des Rasterelektronenmikroskops. | Es zeigt die Objekte dreidimensional(,) | und selbst die kleinsten Bestandteile, | die Atome, | können damit sichtbar gemacht werden. | Modernste elektromagnetische Aufsätze | schaffen heute eine Vergrößerung | bis zum Einhundertmillionenfachen. ||

137 Wörter

212 Karneval

Karneval, Fastnacht oder Fasching wird die Zeit genannt, | in der vor Beginn der christlichen Fastenzeit | noch einmal tüchtig gefeiert wird. | Vor allem im Rheinland und in Süddeutschland | wird diese turbulente Zeit mit vielen Bräuchen begangen. | Der Höhepunkt ist vielerorts der Rosenmontag. | An diesem Tag finden in den Hochburgen des Karnevals | wie in Aachen, Köln oder Mainz | lange Faschingsumzüge statt. | Blaskapellen, Tanzgarden mit Funkenmariechen | und bunt geschmückte Wagen | schlängeln sich langsam durch die von Zuschauern gesäumten Straßen. | Oft werden dabei Politiker, | aktuelle Themen aus der Wirtschaft | oder große Ereignisse aus dem Sport auf die Schippe genommen. | Besonders die jüngeren Zuschauer freuen sich über Bonbons und Süßigkeiten, | die von den Wagen in die schunkelnde Menge am Straßenrand geworfen werden. | Farbenfroh geschminkt und verkleidet | feiern viele Narren in Festhallen, | Gaststätten oder auf den Straßen der Innenstädte weiter. | Am Aschermittwoch ist das bunte Treiben vorbei | und der graue Alltag holt die Jecken wieder ein. ||

151 Wörter

213 Sicherheitsbestimmungen im Technikraum

Für den Aufenthalt und die Arbeit im Technikraum | gelten strenge Sicherheitsvorschriften. | Deren Einhaltung ist sehr wichtig, | damit nichts Schlimmes passiert. | Jacken, Anoraks und Taschen | müssen außerhalb des Raumes deponiert werden. |

Im Werkraum darf nur gearbeitet werden, | wenn ein Techniklehrer anwesend ist. | Er muss die Schüler in die Handhabung der Maschinen einweisen | und die Erlaubnis erteilen, daran zu arbeiten. | Wenn spitze Gegenstände oder scharfe Werkzeuge transportiert werden, | trägt man sie so, dass niemand verletzt werden kann. | Arbeitet man an der Bohrmaschine, | muss man eine Arbeitsbrille tragen. | Wer lange Haare hat, bindet diese zusammen | oder trägt ein Haarnetz. | Beschädigte Werkzeuge oder Geräte dürfen nicht mehr benutzt werden. | Bemerkt ein Schüler, dass etwas nicht in Ordnung ist, | muss er dies sofort melden. | Falls doch einmal etwas passiert | und sich zum Beispiel ein Kleidungsstück in einer Maschine verfängt, | können mit dem Notausschalter alle Maschinen abgeschaltet | und alle elektrischen Anschlüsse in der Werkstatt unterbrochen werden. ||

153 Wörter

214 Delfine

Delfine* gehören zur Gruppe der Zahnwale. | Wie bei allen Walen steht ihre Schwanzflosse waagerecht. | Sie wird Fluke genannt. | Zum Steuern benutzen Delfine ihre Brustflossen, die Flipper, | und ihre dreieckige Rückenflosse, die Finne. | Delfine haben Lungen und müssen darum regelmäßig an die Wasseroberfläche, | um durch die Atemöffnung oben am Kopf | Luft zu holen. | Allerdings halten sie es bis zu einer Stunde unter Wasser aus. |

Es ist fast unmöglich, | von ihrem freundlichen Äußeren nicht fasziniert zu sein. | Wenn sie aus dem Wasser springen | und manchmal geradezu akrobatische Kunststücke vollführen, | sieht es aus, als spielten sie. | Sie kommen auf diese Weise aber auch schneller vorwärts | und halten über Wasser nach Vogelschwärmen Ausschau, | die ihnen lohnende Futterplätze anzeigen. | Delfine sind Raubtiere, | die kleinere Fische oder Krebse fressen. | Mit einem speziellen Organ können sie ihre Beute über ein Echo orten. | Viele Delfinarten können an die Gesellschaft von Menschen gewöhnt werden. | Manche sind so zutraulich, | dass sie es zulassen, | wenn sich Menschen an ihrer Finne festhalten | und von ihnen gezogen werden. ||

166 Wörter

** Auch möglich: Delphine*

215 Kinder im Sudan

Sudan und Südsudan gehören zu den ärmsten Ländern der Welt. | Viele Jahre lang wütete hier ein schlimmer Bürgerkrieg, | an dessen Folgen über zwei Millionen Menschen starben. | Immer wieder kam es in den vergangenen Jahren | zu verheerenden Hungersnöten(,) | und die Kämpfe in der Region gehen auch heute noch weiter. |

Viele Kinder müssen arbeiten, | weil ihre Familien auf das zusätzliche Geld angewiesen sind. | Trotz Schulpflicht geht nur etwa die Hälfte der Kinder zur Grundschule. | Der Unterricht findet meist unter Bäumen im Freien statt, ohne Möbel(,) | und die Kinder sind nur notdürftig | mit Schulbüchern oder Schreibutensilien ausgestattet. | Die kaum oder gar nicht ausgebildeten Lehrer | bringen den Kindern gerade mal ein wenig Lesen und Schreiben bei. | Jedes Jahr schaffen es nur wenige Mädchen und Jungen | bis zur achten Klasse. | Da wundert es nicht, | wenn auch viele Erwachsene Analphabeten sind. |

Von zehn Frauen können nur fünf lesen, | bei den Männern sind es sieben von zehn. ||

153 Wörter

216 Der mit Salz beladene Esel

Ein Esel war schon seit dem Morgen unterwegs. | Auf dem Rücken trug er schwere Säcke voller Salz und er war müde. | Er kam an einen Fluss, den er überqueren musste. | An einer flachen Stelle stieg der Esel in das Wasser. | Aber bald kam er so ins Straucheln, | dass er hinfiel. | Er blieb einige Augenblicke im Fluss liegen, | um im kühlen Wasser frische Kraft zu schöpfen. |

Beim Aufstehen fühlte er sich um einen großen Teil seiner Last erleichtert, | weil sich das Salz im Wasser aufgelöst hatte. | Das merkte er sich. |

Am folgenden Tag bestand seine Last aus vielen Schwämmen, | die sich hoch auf seinem Rücken türmten. | Sobald der Esel an dem Fluss angekommen war, | ließ er sich mit Absicht ins Wasser fallen. |

Doch dieses Mal saugten sich die Schwämme schnell mit Wasser voll. | Dadurch waren sie viel schwerer als vorher. | Die Last war so groß, | dass der Esel nicht mehr von allein aufstehen konnte. |

Merke: Nicht jedes Mittel taugt für jeden Fall. ||

(Nach Äsop)

166 Wörter

Klasse 9/10

217 Schlüssel zum Erfolg

Viele sprechen von Schlüsselqualifikationen, | die während der Schul- und Ausbildungszeit erworben werden sollen. | Dazu gehören zum Beispiel Selbstständigkeit* und Eigeninitiative. |
„Kann man selbstständiges** Handeln lernen?“, |mögen sich manche fragen. | Fachleute für die Aus- und Weiterbildung bejahen dies eindeutig. | Allerdings müssen die Jugendlichen | dazu auch Gelegenheit erhalten. | Wenn in der Ausbildung nur nach Anweisung gearbeitet wird, | kann Eigeninitiative nicht entwickelt werden. | Selbstständiges Handeln lernt man nur, | wenn man Aufgaben auch selbstständig angehen darf. | Darum ist es erforderlich, | dass Jugendlichen Verantwortung übertragen wird | und sie im Team mit anderen die Möglichkeit erhalten, | Probleme zu verstehen, anzupacken | und zielgerichtet zu lösen. |
„Letztes Jahr haben wir in Projektgruppen eine Klassenfahrt | und ein Leichtathletikturnier organisiert“, | berichten die Schüler einer neunten Klasse. | „Dabei haben wir diverse Schlüsselqualifikationen unter Beweis gestellt.“ ||

127 Wörter

** Auch möglich: Selbständigkeit*

*** Auch möglich: selbständiges*

218 Starke Marke

Coca-Cola ist das bekannteste Erfrischungsgetränk der Welt. | Entwickelt wurde es vor über hundert Jahren | von einem amerikanischen Apotheker, | der eigentlich ein Mittel gegen Müdigkeit und Kopfschmerzen | auf den Markt bringen wollte. | Entsprechend wurde das Getränk ursprünglich | auch als Medizin angeboten. |
Für dieses Getränk wird kohlensäurehaltigem Mineralwasser | ein Sirup beigefügt. | Die genaue Rezeptur gilt jedoch | als eines der bestgehüteten Geheimnisse. | Unter anderem besteht der Sirup, | so viel ist bekannt, | aus reichlich Zucker und dem Extrakt von Kolanüssen. | Diese Früchte des Kolabaumes | aus den tropischen Wäldern Afrikas | enthalten Koffein*, das munter macht | und bekanntlich auch im Kaffee enthalten ist. | Hinzu kommen verschiedene Geschmacksstoffe. | Die braune Farbe entsteht dadurch, | dass ein Teil des enthaltenen Zuckers karamellisiert wird. |
Der Schriftzug dieser Getränkemarke | gilt als eines der weltweit bekanntesten Markenzeichen. ||

127 Wörter

** Auch möglich: Coffein*

219 Nur schön?

Brasilien liegt weltweit an dritter Stelle | bei der Anzahl der Schönheitsoperationen. | Eine Fettabsaugung ist hier so selbstverständlich | wie ein Friseurbesuch. | Junge Mädchen bekommen zum Geburtstag | eine Korrektur ihres Körpers geschenkt(,) | und auch die Männer legen sich zunehmend | unter das Messer der Chirurgen, | um straff, glatt und muskulös auszusehen. | Ein makelloser Körper gilt als Voraussetzung | für beruflichen und privaten Erfolg im Leben. | Dafür sind viele bereit, | gesundheitliche Risiken einzugehen und viel Geld auszugeben. | Nirgendwo sonst werden zum Beispiel | mehr Haarfärbemittel oder Nagellacke verkauft als hier. | Auch die Fitnessstudios* profitieren von den Schönheitsbegeisterten, | die sich dem gerade aktuellen Idealbild angleichen wollen. |

Im Straßenbild sieht man austauschbare, alterslose Körper, | die zwar perfekt trainiert und geformt sind, | aber keine Persönlichkeit, nichts Besonderes mehr ausstrahlen. | Wenn alle gleich schön sind, | fällt es eigentlich niemandem mehr auf, oder? ||

134 Wörter

** Auch möglich: Fitness-Studios*

220 Gabeltest

Wer sich bei einer Firma um einen neuen Arbeitsplatz bewirbt, | kann schon mal zum sogenannten* „Gabeltest" gebeten werden. | Dabei laden die Arbeitgeber ihre Bewerber zum Essen ein, | um zu überprüfen, | ob diese sich auch bei offiziellen Arbeitsessen zu benehmen wissen. | Wer so getestet wird, | sollte darauf achten, | dass der Gastgeber im Restaurant vorangeht, | den Tisch auswählt und die Bestellung aufgibt. | Ist man beispielsweise von der potenziellen** Chefin eingeladen, | kann man fragen, was sie selbst wählt oder empfiehlt, | um sich dann an dieser Preisklasse zu orientieren. | Man wartet, bis jeder sein Essen bekommen hat, | und beginnt erst dann, es sei denn, | der Gastgeber bittet darum, schon vorher anzufangen. | Dass man die Serviette auf den Schoß legt, | das Besteck von außen nach innen benutzt | und die Kellnerin nicht mit „Fräulein" anspricht, | ist den meisten bereits bekannt. | Wird das Gericht auf dem Teller serviert, | muss man nicht alles aufessen, | Speisereste werden aber etwas zusammengeschoben, | damit der Teller ordentlich aussieht. | Das Zeichen zum Aufbruch gibt der Gastgeber. | Und weltweit gilt: Wer einlädt, der zahlt auch. ||

172 Wörter

** Auch möglich: so genannten*

*** Auch möglich: potentiellen*

221 Die Jugendfeuerwehren

Fast in jedem Ort in Deutschland | existiert eine Gruppe der Jugendfeuerwehr. | Hier treffen sich regelmäßig Kinder und Jugendliche | zwischen zehn und achtzehn Jahren | und trainieren Fähigkeiten und Kenntnisse, | die sie auf einen Einsatz in der Feuerwehr vorbereiten. |

Wer Interesse an Technik und Spaß an der Gemeinschaft hat, | kann mitmachen. | Jeder durchläuft anfangs eine Grundausbildung, | wozu Brandlehre, Brandbekämpfung | und das Kennenlernen der technischen Geräte gehören. | Bei den wöchentlichen Treffen geht es auch um Geschicklichkeit, | Beweglichkeit und Allgemeinwissen. | Zur Förderung des Zusammengehörigkeitsgefühls | finden viele gemeinsame Unternehmungen statt, | zum Beispiel Zeltlager oder sportliche Aktivitäten. |

Die erste Jugendfeuerwehr wurde 1882 auf der Insel Föhr gegründet. | Sie ist vermutlich die älteste in Europa. | Den Dachverband, die Deutsche Jugendfeuerwehr, | gibt es seit 1964. | Zurzeit haben sich bereits mehr als 17 600 Jugendfeuerwehren | mit knapp 240 000 Jugendlichen | (davon etwa 60 000 Mädchen) | auf Kreis-, Landes- sowie Bundesebene zusammengeschlossen. |

Dieser große Jugendverband zeigt auch gesellschaftliches Engagement. | Seit 2008 macht er bei der Aktion | „Netz gegen Nazis“ mit | und spricht sich deutlich gegen Fremdenfeindlichkeit aus. ||

166 Wörter

222 Einheitliche Rechtschreibregeln, wozu?

Für die deutsche Rechtschreibung, | das ist inzwischen vielen bekannt, | gibt es einheitliche Regeln erst seit Anfang des vorigen Jahrhunderts. | Bis dahin kümmerte man sich nicht sonderlich um die Schreibweisen. | Selbst Dichter wie Goethe gaben offen zu, | hier ihrer augenblicklichen Eingebung zu folgen. | Wer würde sie heute nicht beneiden? |

Tatsächlich aber brachte die Einführung | der einheitlichen amtlichen Rechtschreibung | für viele deutliche Erleichterungen: | Schriftsetzer und Korrektoren hatten nun eine gemeinsame Grundlage, | die das Erfassen und Korrigieren von Texten erheblich vereinfachte. | Auch das Lesen- und Schreibenlernen | wird durch einheitliche Schreibweisen leichter. | Nicht zuletzt ist eine verbindliche Orthografie* für alle eine Hilfe, | die Deutsch als Fremdsprache lernen. |

Die Standardisierung führte andererseits dazu, | dass die Rechtschreibung in den Schulen teilweise überbewertet wurde. | Abweichungen von der Norm wurden nun mit dem Rotstift geahndet(,) | und manche meinten sogar, | dass die Rechtschreibleistung mit Intelligenz gleichgesetzt werden könne. |

In den letzten Jahren wurde das Regelwerk kräftig überarbeitet, | um es überschaubarer und verständlicher zu machen. Ob das gelungen ist, | mag jeder selbst beurteilen. ||

166 Wörter

** Auch möglich: Orthographie*

Checkliste: Fehlerschwerpunkte erkennen

Untersuche deine Fehlerschwerpunkte selbst. Trage für jeden Fehler in der entsprechenden Spalte einen Bleistiftstrich ein. Übe dann gezielt in den Bereichen, wo du noch unsicher bist.

Kapitel/ Regel	Fehlerart:	Fehleranzahl (Strichliste)
1	Groß- und Kleinschreibung	
2	Kennzeichnung lang gesprochener Vokale (z. B. aa, ie, h)	
3	ä/e und äu/eu	
4	Verdopplung von Konsonanten (z. B. tt, pp)	
5	k/ck und z/tz	
6	s – ss – ß	
7	Leicht verwechselbare Konsonanten (g/k, b/p, d/t sowie ks- und f-Laut)	
8	Worttrennung	
9	-lich/-ig	
10	ent-/end-	
11	Getrennt- und Zusammenschreibung	
12	Fremdwörter	
13	*das* und *dass*	
14	Zeichen der wörtlichen Rede	
15	Kommasetzung	
16	Sonstige Zeichensetzung	

	Sonstige Fehler	
	Buchstabendreher	
	Buchstaben ausgelassen	
	Andere Fehlerart	

Die wichtigsten Rechtschreibregeln

Überblick über die wichtigsten Rechtschreibregeln

R 1 Groß- und Kleinschreibung

Grundregeln

Groß schreibt man das erste Wort ▷ eines Satzes, ▷ einer Überschrift, eines Titels, einer Grußformel, ▷ eines selbstständigen Satzes nach einem Doppelpunkt, ▷ einer wörtlichen Rede (→ R 14).	**S**ie lesen gerade „**D**er Tod in Venedig". **V**iele Grüße ... Sie war sicher: **E**r wollte sie ärgern. Freudig ruft er: „**M**orgen fällt Mathe aus!"
Großgeschrieben werden Nomen (Substantive) einschließlich Eigennamen. Auch Wörter aus anderen Wortarten, die als Nomen gebraucht werden, schreibt man groß. *Begleiterprobe*: Vor Nomen können Begleiter stehen (z. B. Artikel, Pronomen, Mengenangaben).	*Die* **F**ahrt beginnt an *einem* **M**ontag. Alle freuten sich über *ihr* **K**ommen. *Alles* **G**ute zum Geburtstag. Ihre Lieblingsfarbe ist **R**ot. [*das* Rot] Es war *zum* **D**avonlaufen.
Alle anderen Wortarten schreibt man normalerweise klein.	lesen – jung – die – wir – heute – auf

Großschreibung: Besonderheiten

Groß schreibt man Adjektive als Teile von Eigennamen.	der **I**ndische Ozean – die **O**lympischen Spiele
Großschreibung gilt auch für Zusammensetzungen, die als Ganzes Nomen sind, ebenso für Nomen im Innern der Zusammensetzung.	Das ist doch zum **I**n-die-Luft-**G**ehen! Sie hat das nötige **K**now-how.

Kleinschreibung: Besonderheiten

Adjektive, die sich auf ein vor- oder nachstehendes Nomen beziehen, schreibt man trotz Begleiter klein.	Die Schuhe gefallen mir, am besten finde ich die **b**raunen [Schuhe].
Superlative mit *am* schreibt man in der Regel klein.	*Am* besten ... Aber: Das Beste ...
Alters- und Uhrzeitangaben werden kleingeschrieben.	elf [Jahre alt] werden – um vier [Uhr]
Die Wörter *viel/wenig,* (der/die/das) *eine/andere* schreibt man normalerweise in allen Formen klein.	Es kamen **v**iele, die **m**eisten zu Fuß. Das **e**ine oder **a**ndere gefiel ihr.

Anredepronomen

Die Höflichkeitsform der Anredepronomen *(Sie)* und die zugehörigen Formen werden immer großgeschrieben. Die Anredepronomen *du* und *ihr* und die zugehörigen Formen schreibt man klein – nur in Briefen können sie auch großgeschrieben werden.	Ich hoffe, **S**ie konnten **I**hre Kenntnisse vertiefen. Vielen Dank für **D**eine/**d**eine Karte. Ich denke viel an **E**uch/**e**uch.

Zeitangaben

Zeitangaben, die Adverbien sind, schreibt man klein.	heute, morgen – abends, montags
Zeitangaben, die Nomen sind, werden großgeschrieben.	am Morgen, gegen Abend, eines Montags
Entsprechend schreibt man in Tageszeitangaben die Adverbien klein und die Nomen groß.	heute Mittag, morgen Nachmittag, vorgestern Abend

Herkunftsbezeichnungen

Herkunftsbezeichnungen auf -isch schreibt man meistens klein. Enden sie auf -er, schreibt man sie groß.	**i**ndischer Tee, **b**ayerische Alpen **B**erliner Zeitung, **H**amburger Hafen

R 2 Lang gesprochene Vokale

Grundregeln

Lang ausgesprochene Vokale werden oft nicht besonders gekennzeichnet.	Tal – Wal – wir – Rose – mutig – Lüge
In vielen Fällen sind sie aber gekennzeichnet durch ein h oder durch Verdopplung des Vokals.	Mahlzeit – sehr – ihr – Ohr – rühren Waage – Meer – Boot
Das lange i wird meist durch ie wiedergegeben, in wenigen Fällen auch durch ih oder ieh.	Brief – Fieber – lief – zufrieden ihr – ihm – ihnen – Vieh – sieht
Beachte: Die Vorsilbe ur- und die Nachsilben -bar, -sal, -sam, -tum werden ohne Dehnungs-h geschrieben.	uralt – Ursuppe trinkbar – Mühsal – ratsam – Wachstum

Fremdwörter

In den meisten Fremdwörtern wird das lange i als einfaches i geschrieben.	Termin – Benzin – intensiv – Krokodil – Krise – Vitamine
Die betonten Nachsilben -ie, -ier und -ieren werden in Fremdwörtern mit ie geschrieben.	Garantie – Turnier – diskutieren

R 3 Wörter mit ä/e und äu/eu

Die Buchstaben ä/e und äu/eu schreibt man für ähnliche Laute *(älter/fremd, Häuser/Leute)*.	
Mit ä bzw. äu werden Wörter geschrieben, zu denen es meist ein verwandtes Wort mit a bzw. au gibt.	Hände/Hand – ängstlich/Angst säuerlich/sauer – Schläuche/Schlauch

R 4 Doppelter oder einfacher Konsonant

Grundregeln

Nach einem betonten Kurzvokal wird der folgende Konsonantenbuchstabe meist verdoppelt.	Affe – Tipp – knurren – bisschen
Die Verdopplung bleibt normalerweise in allen Beugungsformen und Ableitungen erhalten, auch wenn sich die Betonung ändert.	rennen/rannte – hemmen/Hemmnis Nummer/nummerieren – spinnen/Spinnerei
Folgen auf den betonten Kurzvokal verschiedene Konsonanten, wird in der Regel nicht verdoppelt.	Heft – melden – Gift – Kante – Witwe

Zu den Besonderheiten bei den Buchstaben k und z → R 5

Hier wird nicht verdoppelt

Bei manchen einsilbigen Wörtern wird der Buchstabe nach betontem Kurzvokal nicht verdoppelt.	ab – an – hat – man – mit – ob – um – von – zum

Fremdwörter

Bei manchen einsilbigen Fremdwörtern wird der Buchstabe nach betontem Kurzvokal ebenfalls nicht verdoppelt. Aber: Ableitungen dieser Wörter schreibt man mit Doppelbuchstaben.	fit – Hit – Job – Bus – Jet – Chip jobben – du jobbst – sie jobbt
In einigen Fremdwörtern wird ein Konsonantenbuchstabe verdoppelt, obwohl der kurze Vokal davor nicht betont ist.	Grammatik – Allee – Karussell – Kassette – passieren – frittieren

R 5 Wörter mit k und ck, z und tz

Grundregeln → R 4

Besonderheiten bei k und z

Die Buchstaben k und z werden in deutschen Wörtern nicht verdoppelt. Statt kk steht ck, statt zz steht tz.	Acker – Lack – wecken – locker – Reck Katze – Platz/platzieren – Matratze
Nach einem Doppellaut steht kein tz.	Kreuz – Schnauze – beizen

Fremdwörter

Es gibt einige Fremdwörter mit kk und zz (bei nachfolgendem Vokal).	Akkordeon – akkurat – Akkusativ – Mokka – Pizza – Skizze – Razzia
In Fremdwörtern aus dem Lateinischen, Griechischen und Französischen steht kein ck.	Artikel – Politik – Fabrik

R 6 Wörter mit s-Lauten

Verdoppeln oder nicht

Auch für s-Laute gilt (→ R 4): Nach betontem Kurzvokal wird der folgende Konsonantenbuchstabe (hier das s) meist verdoppelt. Folgen auf den betonten Kurzvokal verschiedene Konsonanten, wird in der Regel nicht verdoppelt.	Kuss – essen – Prämisse Feste – Maske – lispeln
Bei manchen einsilbigen Wörtern wird das s nach betontem Kurzvokal nicht verdoppelt.	bis – des – Bus
Auch die Endung -nis steht immer mit einfachem s.	Zeugnis – Wildnis
Aber: Beugungsformen dieser Wörter schreibt man mit ss.	dessen – Busse – Zeugnisse

Schreibung mit ß

Wird nach langem Vokal oder Doppellaut der s-Laut scharf ausgesprochen, schreibt man ß.	Maß – Straße – Spieß – außen Ausnahme: aus

Schreibung mit einfachem s

Mit einfachem s schreibt man den s-Laut ▷ bei gesummt gesprochenem s, ▷ bei scharf gesprochenem s, wenn der s-Laut in verlängerten Wortformen gesummt wird.	Sahne – lesen – verreisen – säuseln er liest: lesen – Glas: Gläser

Zum Thema *das* und *dass* → R 13

R 7 Leicht verwechselbare Konsonanten

g/k, b/p, d/t

Diese Konsonanten klingen oft sehr ähnlich. Meist kann man die Schreibweise dann aber ableiten, und zwar ▷ vom Infinitiv oder einer anderen Wortform oder ▷ von einem verwandten Wort.	 sie sagte/sagen - Rad/Räder Rebstock/Weinreben
Einige Schreibweisen muss man sich einfach einprägen.	Erbse - Krebs - Publikum - Rebhuhn Knirps - Gips - Schlips

ks-Laut

Auch bei Buchstabenverbindungen, die wie ks gesprochen werden, kann man die Schreibweise oft von anderen Wortformen oder verwandten Wörtern ableiten.	du leckst/lecken – tagsüber/Tage – Gewächs/wachsen
Meist muss man sich die Schreibweise hier aber merken.	Dachs – extra – Luxus – wechseln

f-Laut

Der f-Laut wird meist mit f geschrieben.	Fehler – rufen – Sofa – Griff
Am Wortanfang und -ende wird auch ein v meist wie ein f gesprochen. Die Schreibweisen muss man sich einprägen.	Vogel – voll – Vieh – vier Nerv – aktiv – impulsiv
Beachte: Diese Wortbausteine werden in allen Ableitungen mit v geschrieben.	*ver*lieren/*Ver*lust – *viel*seitig/*Viel*falt – *voll*ständig/*Völl*erei – *Vor*gang/*vor*gehen
Die Schreibung mit pf ist im Anlaut nur bei überdeutlicher Aussprache herauszuhören, anders im Inlaut.	Pferd – Pfeil – Pfoten rupfen – schlüpfen

Fremdwörter → R 12

R 8 Worttrennung

Grundregeln

Mehrsilbige einfache Wörter trennt man nach Sprechsilben, die immer einen Vokal oder Doppellaut haben.	Re-gel – Ru-de-rer – Kos-ten – Fa-mi-li-en – Au-to – bei-ßen
Bei mehreren Konsonantenbuchstaben zwischen Vokalbuchstaben kommt der letzte auf die neue Zeile.	Fens-ter – knusp-rig – es-sen
Stehen Buchstabenverbindungen (z. B. ch, sch, ph) für einen einzigen Laut, so trennt man sie nicht. Dasselbe gilt für ck.	la-chen – Sa-phir – lo-cken
Zusammengesetzte Wörter werden nach Wortbausteinen getrennt. Die einzelnen Bestandteile trennt man wiederum nach Sprechsilben.	Brat-wurst-stand – Diens-tag Ge-burts-tag – Mäus-chen See-fah-rer – be-stat-ten
Wörter, die nicht mehr als Zusammensetzungen empfunden werden, kann man auf zweierlei Weise trennen.	hi-nauf/hin-auf – vo-raus/vor-aus da-rum/dar-um

Hier wird nicht getrennt

Einsilbige Wörter werden nicht getrennt.	oft – Kahn – Schluss
Buchstabenverbindungen wie ch und sch sowie ph und th trennt man nicht, wenn sie für einen einzigen Laut stehen. Dasselbe gilt für ck.	Ku-chen – Kir-sche Stro-phe – Zi-ther – Bä-cker
Nicht abgetrennt werden Einzelvokale am Wortanfang und am Wortende – auch nicht bei Zusammensetzungen.	**A**bend – **E**sel – Bi**o**-müll

Fremdwörter

Fremdwörter werden wie deutsche Wörter nach Sprechsilben und Wortbausteinen getrennt.	De-ko-ra-ti-on – eu-ro-pä-isch Big-band – Sweat-shirt – Hard-ware
Erkennt man die Wortbausteine nicht, kann man sie wie deutsche Wörter trennen.	Hekt-ar – Hek-tar Päd-ago-ge – Pä-da-go-ge

R 9 Wortbausteine -lich/-ig

Die ähnlich klingenden Wortbausteine -lich und -ig kann man durch Verlängern unterscheiden.	kindlich/kindliche beliebig/beliebige

R 10 Wortbausteine ent-/end-

Die Vorsilbe ent- wird mit t geschrieben.	entdecken – entkommen – entscheiden
Zusammensetzungen mit und Ableitungen von *Ende* werden mit d geschrieben.	endgültig – endlich – Endsilbe

R 11 Getrennt- und Zusammenschreibung

Nomen + Verb

Verbindungen aus Nomen + Verb schreibt man in der Regel getrennt. Ist das Nomen aber nicht als Nomen erkennbar, schreibt man zusammen.	Auto fahren – Angst haben – Rad fahren standhalten – wetteifern – eislaufen Aber: beim Autofahren
Verbindungen aus Nomen + Partizip schreibt man zusammen, wenn der erste Bestandteil so nicht selbstständig vorkommt oder für eine Wortgruppe steht.	nutzbringend – angsterfüllt freudestrahlend (*vor Freude* strahlend)

Verb + Verb

Verbindungen aus Verb + Verb schreibt man in der Regel getrennt.	spazieren gehen – lesen lernen – baden gehen
Verbindungen mit *sein* schreibt man immer getrennt.	dabei sein – zusammen sein
Verbindungen mit *bleiben* und *lassen* kann man auch zusammenschreiben, wenn sich eine übertragene Bedeutung ergibt.	sitzenbleiben (nicht versetzt werden) sich gehenlassen (vernachlässigen)

Adjektiv + Verb

Verbindungen aus Adjektiv + Verb werden meistens getrennt geschrieben.	schnell fahren – schön schreiben
Zusammengeschrieben werden sie jedoch, wenn eine neue Gesamtbedeutung entsteht. Lässt sich dies nicht genau entscheiden, kann getrennt oder zusammengeschrieben werden.	krankschreiben – lahmlegen – breitmachen - schiefgehen – schwarzfahren sich über etwas klar werden/ klarwerden

Partizip + Verb

Verbindungen aus Partizip + Verb schreibt man in der Regel getrennt.	getrennt schreiben – gefangen nehmen

Präposition + Verb

Verbindungen aus Präposition oder Adverb + Verb schreibt man hingegen in der Regel zusammen.	davonkommen – vorausfahren – (vor Schreck) zusammenfahren
Wird der Infinitiv zusammengeschrieben, gilt das auch für die mit *zu* erweiterte Form.	teilnehmen – er nimmt teil – teil*zu*nehmen

Hilfsregel

Bei Zusammensetzungen mit Verben gilt meist: Liegt die Betonung auf dem ersten Teil, wird zusammengeschrieben, liegt sie auf dem zweiten Teil oder ist sie gleichmäßig verteilt, wird getrennt geschrieben *(ist davongekommen/das kann davon kommen)*.

Verbindungen mit Adjektiven

Wortverbindungen mit Adjektiven werden zusammengeschrieben, wenn der erste Bestandteil bedeutungsverstärkend oder -abschwächend ist.	superschlau – lauwarm – bitterböse stockdunkel – brandeilig – grottenschlecht
Zusammen schreibt man bei Zusammensetzungen mit einem Fugenelement, meistens einem Fugen-*s*.	alter**s**schwach – leben**s**froh

Präposition + Nomen

Bei bestimmten häufig gebrauchten Verbindungen aus Präposition + Nomen kann man getrennt oder zusammenschreiben.	mithilfe/mit Hilfe infrage/in Frage (stellen)
Hier schreibt man dennoch getrennt.	zu Fuß – zu Ende – zu Lande
Immer zusammen schreibt man diese Präpositionen.	anhand – infolge – inmitten – zufolge

Weitere Wortgruppen

Immer getrennt schreibt man hier.	außer dass – ohne dass – gar nicht – wie viel – zu viel – zu wenig
Immer zusammen schreibt man diese Konjunktionen.	anstatt – sobald – sofern – solange – sooft – soviel/soweit (mir bekannt ist)

Schreibungen mit Bindestrich

Mit Bindestrich schreibt man	
▷ unübersichtliche Zusammensetzungen,	Lotto-Annahmestelle, auch: Lottoannahmestelle
▷ aneinandergereihte Nomen und Nominalisierungen,	Berg-und-Tal-Fahrt – zum In-die-Luft-Gehen
▷ Zusammensetzungen mit Einzelbuchstaben, Abkürzungen und Ziffern.	C-Dur-Tonleiter – UV-Strahlen – 5-Euro-Schein – MP3-Player

R 12 Fremdwörter

Fremdsprachig oder angeglichen?

Bei Fremdwörtern richtet sich die Schreibweise in der Regel nach der Herkunftssprache.	Nation (lat.) – Rhythmus (griech.) – Team (engl.) – Etage (franz.)
Bei etlichen Fremdwörtern wurde die Schreibung aber dem Deutschen angeglichen. Oft sind dann beide Schreibweisen erlaubt.	Ketchup/Ketschup – Disco /Disko

Einige Regeln

Häufige Fremdwortbausteine: -tion, -eur, -ive, -age.	Kau*tion* – Ingeni*eur* – Mot*ive* – Mont*age*
Die Laute f und t schreibt man in Fremdwörtern oft mit ph und th. Die Wortbestandteile *phot* und *graph* können auch mit f geschrieben werden. In zwei Fällen kann statt th auch t stehen. In Fremdwörtern wird v oft wie w ausgesprochen.	Physik – Atmosphäre – Metapher – Theater – Apotheke – Athlet fotogen/photogen – Geografie/ Geographie Thunfisch/Tunfisch – Panther/Panter Niveau – privat – Vase
Englische Nomen, die auf y enden, schreibt man im Deutschen im Plural mit ys.	Hobbys – Partys – Babys – Handys

Tipp

Wegen der Vielfalt fremdsprachiger Schreibweisen ist es schwierig, für Fremdwörter knappe Regeln aufzustellen. Bei Zweifelsfällen hilft das Wörterbuch.

Weitere Hinweise zu Fremdwörtern → R 2, 4, 5 und 8

R 13 Schreibung von *das* und *dass*

das

Das Wort *das* kann dreierlei sein:	
▷ bestimmter Artikel (Begleiter des Nomens)	*Das* Buch ist lustig.
▷ Demonstrativpronomen (hinweisendes Fürwort)	*Das* habe ich gemerkt.
▷ Relativpronomen (bezügliches Fürwort)	Pias Buch, *das* ich gerade lese, ist dick.

Ersatzproben

Man schreibt *das*, wenn es ersetzt werden kann durch:	
▷ *ein* (für *das* als bestimmten Artikel)	~~Das~~ *Ein* Buch ist lustig.
▷ *dieses* oder *jenes* (für *das* als Demonstrativpronomen)	~~Das~~ *Dieses* habe ich gemerkt.
▷ *welches* (für *das* als Relativpronomen)	Das Buch, ~~das~~ *welches* ich lese, ist dick.

dass

Das Wort *dass* ist immer eine Konjunktion (Bindewort) und leitet einen Nebensatz ein. Es kann durch kein anderes Wort ersetzt werden. Ergibt die Ersatzprobe keinen sinnvollen Satz, schreibt man also immer *dass*.	Ich wusste nicht, *dass* du das Buch schon kennst. *Dass* dein Buch lustig ist, habe ich gemerkt.

R 14 Zeichen der wörtlichen Rede

Die wörtliche (direkte) Rede steht in Anführungszeichen.	„Morgen gehe ich ins Kino."

Vorangestellter Begleitsatz

Geht ein Begleitsatz voraus, wird die wörtliche Rede mit einem Doppelpunkt angekündigt.	Sie sagt**:** „Ich kenne den Film schon**.**" Er fragt**:** „Kommst du trotzdem mit**?**"

Nachgestellter Begleitsatz

Folgt ein Begleitsatz, steht nach der wörtlichen Rede immer ein Komma. Frage- und Ausrufezeichen der wörtlichen Rede werden dann immer beibehalten, der Schlusspunkt entfällt.	„Kommst du mit**?**"**,** fragt er. „Komm doch mit**!**"**,** fordert er sie auf. „Ich komme nicht mit"**,** antwortet sie.
Auch wenn der Begleitsatz anschließend weitergeht, setzt man nach der wörtlichen Rede ein Komma.	Sie erkundigt sich: „Kommt dein Bruder auch mit?"**,** und lächelt verstohlen.

Begleitsatz eingeschoben

Steht der Begleitsatz zwischen zwei Redeteilen, wird er von Kommas eingeschlossen. Nach dem schließenden Anführungszeichen steht kein Punkt mehr.	„Na gut"**,** lenkt sie ein**,** „dann gehe ich mit." „Sagtest du gerade"**,** fragt er ungläubig**,** „du kommst doch mit?"

R 15 Kommasetzung

Gleichrangigkeit

Aufzählungen von gleichrangigen Sätzen, Wortgruppen und Wörtern werden durch Komma getrennt. Das Komma entfällt, wenn *und*, *oder* sowie andere nebenordnende Konjunktionen gleichrangige Teile verbinden (z. B. *beziehungsweise*, *weder … noch, entweder … oder*).	Plötzlich war es still**,** alle schauten gebannt. Es war ein warmer**,** sonniger Tag. Er muss noch Gitarre üben**,** den Hund ausführen *und* Tintenpatronen kaufen. Sie lasen einen langen Text, der *weder* lehrreich *noch* interessant war.
Will man gleichrangige Teilsätze, die durch *und, oder* … verbunden sind, deutlicher gliedern, kann man ein Komma setzen.	Jan besuchte Paul**(,)** *und* Nico kam auch.
Sind zwei Adjektive nicht gleichrangig, steht kein Komma. (Du kannst sie dann nicht sinnvoll mit *und* verbinden.)	die letzten großen Ferien – sein neuer französischer Freund

Nebensätze

Das Komma trennt immer Haupt- und Nebensatz. Nebensätze erkennst du daran, dass das konjugierte Verb am Ende steht.	Sie geht ins Bett**,** weil sie müde *ist.* Dass du wieder fit *bist***,** freut mich sehr. Der Film**,** den ich gerade *sehe***,** ist lustig.

Infinitivgruppen

Infinitivgruppen mit *zu* müssen immer dann durch Komma abgetrennt werden, wenn sie ▷ eingeleitet werden mit *um, ohne, (an)statt, außer, als*, ▷ von einem Nomen abhängen, ▷ durch ein hinweisendes Wort angekündigt werden (z. B. *damit, darauf, daran, es, das*). In allen anderen Fällen ist das Komma freigestellt.	Ich lerne heute**,** *um* morgen freizuhaben. Tim gibt ihm *den Rat***,** sich zu beeilen. Jana freut sich *darauf***,** Marah zu treffen. *Es* macht ihm Spaß**,** viel zu trainieren. Sie nahm sich vor**(,)** mehr zu üben.
Tipp: Ein Komma zu setzen, ist hier also niemals falsch.	

Abgrenzung

Erläuternde Einschübe und Nachträge werden durch Komma abgetrennt.	Pepper**,** mein Hund**,** schläft vor der Tür. Dabei muss ich raus**,** und zwar bald.
Ausrufe, Anreden, Bejahungen, Verneinungen und Bekräftigungen werden durch Komma abgetrennt.	Liebe Tina**,** danke für deine Karte. Ach ja**,** davon wusstest du nichts.
Das Komma steht vor entgegensetzenden Konjunktionen (z. B. *aber, jedoch, sondern*), wenn diese zwischen gleichrangigen Wortgruppen stehen.	Das ist kein Vergnügen**,** *sondern* Arbeit. Es schmeckt süß**,** *aber* nicht zu süß.
Mehrteilige Zeit- und Ortsangaben grenzt man mit Komma ab.	Montag**,** den 12. Mai**(,)** komme ich an. Er wohnt in Erfurt**,** Poststraße 13.

Zur Kommasetzung bei wörtlicher Rede → R 14

R 16 Sonstige Zeichensetzung

Satzschlusszeichen

▷ Der Punkt beendet einen Aussagesatz. ▷ Das Ausrufezeichen steht nach Ausrufen, Aufforderungen, Befehlen und Warnungen. ▷ Aber: Nach Aufforderungen ohne besonderen Nachdruck steht ein Punkt. ▷ Das Fragezeichen beendet Fragen.	Am Wochenende schlafe ich aus**.** Komm doch endlich**!** Bitte bleib doch noch**!** Vorsicht, die Brille**!** Lest den Text und unterstreicht alle Konjunktionen**.** Wohin gehst du**?**

Semikolon

Das Semikolon trennt inhaltlich eng verbundene Hauptsätze stärker als ein Komma und schwächer als ein Punkt.	Tim wünscht sich schon seit Langem einen Hund**;** seine Eltern sind strikt dagegen.

Doppelpunkt

Der Doppelpunkt kündigt an, dass etwas folgt, z. B. eine Aufzählung oder wörtliche Rede (→ R 14).	Alle waren sie gekommen**:** Carolin, Clara, Barbara, Alexander und Marah.

Gedankenstrich und Ergänzungsstrich

Zusätze und Einschübe kann man statt mit Kommas auch mit Gedankenstrichen abgrenzen. Satzzeichen, die zum umschließenden Text gehören, dürfen dabei nicht weggelassen werden.	Die Kosten für Energie sind gestiegen – und zwar kräftig. Sie bezweifelte – man sah es ihr an –, dass die Angaben stimmten.
Der Ergänzungsstrich steht, wenn ein gemeinsamer Wortbestandteil ausgelassen wird.	Vor- und Nachteile Müllsammlung und -verwertung

Anführungsstriche

Anführungsstriche kennzeichnen wörtliche Rede (→ R 14), wörtlich wiedergegebene Textstellen (Zitate) sowie zitierte Titel und Namen.	Am Schluss heißt es: „Schon war er in der Menschenmenge untergetaucht." „Lenz" heißt eine Erzählung von Büchner.